Adrien Christ

# Et si la mort était la chance de ta vie ?

## *Remerciements*

Pour ce livre, je tiens à remercier en premier lieu mon père. Je dirais qu'il est bien plus qu'un père à mes yeux, il est un mentor, un exemple pour moi. C'est un puits de sagesse à mes yeux, toujours à l'écoute, compréhensif, avec un amour infini pour ses enfants, toujours présent dans les coups durs, il m'a donné sans compter, m'a toujours soutenu dans tous mes choix, m'a laissé la liberté de choisir ma voie, mon chemin pour être celui que je suis aujourd'hui.

Tout ça n'aurait pas été possible sans ses mots justes dans les moments les plus sombres. Alors véritablement, merci papa, je t'aime.

Je souhaite également remercier toutes les personnes qui m'ont aidé dans la réalisation de ce projet, que ce soit Meily pour m'avoir appris et transmis la structure nécessaire pour écrire un livre.

Ma conjointe qui m'a soutenu moralement, émotionnellement dans mes moments de doutes.

Ma psychologue Mme Simorre pour avoir pris le temps de rédiger ma préface.

Et je remercie toutes les personnes dont j'ai pu croiser la route lors de l'écriture de mon livre, que ce soit pour un simple échange, une relecture, ou juste un commentaire.

Adrien Christ

# Et si la mort était la chance de ta vie ?

© 2023 Adrien Christ

Édition : BoD – Books on Demand, info@bod.fr
Impression : BoD – Books on Demand, In de Tarpen 42, Norderstedt (Allemagne)

Impression à la demande

ISBN : 978-2-3220-4034-6
Dépôt légal : Juin 2023

*Je dédie ce livre à ma maman partie le 23 juin 2019.
Ce livre est le récit de ma vie d'après.*

*Après ton départ.*

*Ces quelques pages témoignent de cette traversée du vide que tu as laissé.*

*Ce livre est en ta mémoire, pour me souvenir que chaque événement laisse des traces.*

*Ces traces sont les sillons pour semer de nouvelles graines.*

*Alors je plante ce livre comme tu plantais tes fleurs.*

*J'espère que ces pages fleuriront en un magnifique massif en ton nom.*

*Pour toi maman, je t'aime.*

## *Préface*

### *Quelques mots sur le livre et moi*

J'ai rencontré Adrien il y a une dizaine d'années sur les bancs de la fac de sport de Toulouse. J'y enseignais alors la psychologie, il était étudiant en deuxième année. Je remarquai ce jeune homme atypique : investi et passionné. Il était curieux de tout, assertif, en colère souvent, mais toujours ouvert d'esprit, le regard, le cœur et le cerveau tournés vers le monde. Je soupçonnais toutefois que derrière ce visage angélique et souriant se cachait une âme tourmentée.

L'avenir, hélas, allait me donner raison, et c'est quelques années plus tard que je retrouvais Adrien, dans le cadre d'un travail psychothérapeutique cette fois. Bloqué dans un deuil difficile et douloureux, il charriait sa peine et sa colère, dans une errance sans avenir, ni perspective.

Cependant, fort de sa grande détermination rageuse, il ne voyait pas s'installer la dépression. Un long travail s'annonçait. Ce fut une aventure pour lui et je l'accompagnais doucement dans ce chemin de la découverte de soi, de ses ténèbres comme de ses lumières. Ce travail riche d'échanges, parfois drôles et tendres, parfois bousculant et souffrant, a aidé (du moins me plais-je à le croire) Adrien à se construire une identité sécure dans son intranquillité, lumineuse parmi ses ombres, mais toujours fiévreuse d'une pulsion de vie à l'œuvre chaque instant. Il a su dépasser les épreuves du deuil, traverser le Styx, pour enfin renaître à la vie.

Cet ouvrage en est la preuve. Adrien nous livre ici un récit qui lui ressemble : authentique, imparfait dans ces petites coquilles dyslexiques mais brillant par ailleurs dans ses explications claires et accessibles à chacun. Complexe dans le fond mais limpide dans la forme. On découvre une plume enfin assumée, libre et libérée des diktats de la norme.

Le souci du partage, cher à Adrien, nous guide pas à pas, avec bienveillance et sincérité tout au long de ce chemin du deuil. Son langage brut et sans chichi, donne une puissance humaniste au texte et vient nous toucher en plein cœur. Voyage au centre de nos émotions, on rit, on pleure, on tempête face aux brutalités du monde parfois, on s'émerveille aussi...

Adrien nous embarque également dans ses réflexions à travers un savant maillage d'aspects psychologiques théoriques et de témoignages de vie personnelle, poignant. Le sujet est délicat, pouvant être « casse-gueule » même, tellement la question de notre finitude et celle de nos proches est universelle, propre à l'humain, tellement anxiogène et mortifère. Mais dans ce livre, Adrien réussit l'exploit de nous faire partager son voyage intérieur, plein de fraîcheur et d'espoir, à destination de cette merveille qu'est la vie en nous parlant de la mort !

Bravo à toi Adrien et merci d'avoir pensé à moi pour rédiger cette préface, j'ai été honorée de le faire et par cet acte, symboliquement, boucler la boucle.

Nietzsche nous dit « qu'il faut avoir beaucoup de chaos en soi pour accoucher d'une étoile qui danse » : tu nous en apportes ici la preuve sur papier. Que cette étoile vibrante te guide toute ta vie durant dans tous les chaos du monde.

Avec toute mon amitié,

Nathalie. S

# SOMMAIRE

Remerciements p. 7
Préface p. 9
Introduction p.15

**Chapitre 1 : Première pierre** p.17

**Chapitre 2 : Vivre la situation** p.59

**Chapitre 3 : Plonger dans les ténèbres** p.83

**Chapitre 4 : Apprendre à mourir** p.137

**Chapitre 5 : Trouver le chemin de ton plein potentiel** p.179

**Chapitre 6 : Intégrer la pleine puissance** p.215

À propos de l'auteur p.257

## *Introduction*

La mort, qui est-elle ?

La mort fait partie du langage commun. Nous sommes tous un jour ou l'autre confrontés à cette dernière. Pour autant, elle est taboue, un sujet délicat. Dans notre société occidentale, force est de constater que celle-ci est chargée d'une certaine empreinte. C'est un sujet dont on parle à demi-mot, avec une certaine pudeur, un véritable mysticisme est érigé. Chacun y va de son pronostic sur ce qu'elle est. Tantôt personnifiée, tantôt blâmée de voleuse de vie. La mort est sombre, elle renvoie à tout un chacun cette réalité macabre qu'un jour on va tous mourir.

Ce constat social, que la mort est méconnue et incomprise ainsi que mon récit de vie, m'ont amené à me questionner et réfléchir à cette dernière. Il est vrai que j'ai toujours eu une fascination pour celle-ci. Vers l'âge de 7 ans, je me souviens d'avoir eu cette réflexion : « *C'est dingue quand même, des millions d'années se sont écoulées, il y a eu les dinosaures, des hommes de Cro-Magnon, les grecs, les templiers, et pleins d'autres civilisations et je suis là, sans aucun souvenir de comment je suis arrivé ici. Je suis arrivé en un claquement de doigts et je repartirai ainsi. Laissant l'humanité là où elle est.* » Cette réflexion m'a amené à réfléchir au fait qu'il était difficile de m'imaginer inerte sans vie.

Puis, plus récemment j'y ai été confronté de près alors, de nombreuses réflexions et vécus autour d'elle sont réapparus. J'ai donc tâché de construire un autre paradigme vis-à-vis d'elle. En gardant cette idée en tête : « *Et si la mort que je traverse avait quelque chose à m'apprendre ? Quel est le positif, le magnifique que cette dernière peut me proposer ? Et si elle était autre chose ?»*

Ce livre ne fait en aucun cas l'apologie de la mort. Mon but est de te partager une perception de la mort comme quelque chose de méconnu, à laquelle tout un chacun se retrouve confronté tôt ou tard. Cette vision atypique d'une mort différente m'a permis de traverser ce moment bouleversant de mon existence. La perte de ma maman m'a amené à déconstruire ma vision des choses pour construire une réalité qui intègre la mort comme une étape. La mort comme pilier d'un processus créateur afin de vivre de manière rassurée et sereine une tragédie universelle.

Tu trouveras dans cet ouvrage une construction pas à pas d'un processus, avec les points clefs, un partage d'expérience, des anecdotes, des citations, afin de rendre accessible à tous et au quotidien ce cheminement. Il n'est en aucun cas une vérité absolue, pour autant il est une vérité vécue. À toi d'en faire l'expérience si tu le souhaites.

## *Chapitre 1 : Première pierre*

« *La mort est ce qu'on donne, quand nous ne pouvons plus rien offrir.* »

1. <u>La mort</u>

La mort est universelle, chacun vit tôt ou tard une expérience de mort. La perte d'un proche, d'un animal de compagnie, le sentiment de mourir de l'intérieur lors de la perte de son emploi, de vivre une sensation de mort lors d'une séparation amoureuse, ou même amicale. De nombreuses situations nous renvoient de manière directe ou indirecte à la mort. La langue française regorge d'expressions à connotation mortuaire. « *Je suis mort de peur.* », « *Ça pue la mort.* » … Le langage commun est un bon indicateur, pour jauger de la présence sous-entendue d'une idée. Plus cette idée est présente dans le quotidien, plus elle est induite de manière insidieuse, plus sa présence laisse une empreinte. La mort se cache un peu partout, elle est présente que tu le veuilles ou non. Chaque jour qui passe possède son lot de morts. Par exemple, ton corps, dans son renouvellement microbiologique, élimine des cellules mortes et en crée de nouvelles. La mort de quelque chose est présente. C'est infime, tu ne t'en rends pas compte. Mais c'est réel, cette élimination cyclique de ce qui ne vit plus est là. Pour autant, la mort n'est pas uniquement le résultat de la perte de ce qui n'a plus lieu d'être. C'est bien plus que ça.

Si c'est bien plus que ça qu'est cela peut bien être ?

La mort dans le langage commun est associée à certaines représentations. Des allégories, des situations de vie, toutes sortes de choses qui ramènent à une vision glauque, empreinte d'émotions tristes.

Cependant t'es-tu déjà posé la question, d'où vient cette représentation de la mort ? Pourquoi la mort possède des allégories ? Quel est le sens de toutes ces images collées à la mort ?

Premièrement « *Le Larousse* » définit l'allégorie de cette manière : « *latin allegoria, du grec allêgorein, parler par image. 1. Expression d'une idée par une métaphore (image, tableau, etc.) animée et continuée par un développement. 2. Œuvre littéraire ou artistique utilisant cette forme d'expression.* ». [1]

Cette définition simple nous montre que l'homme est passé par là. Il a construit une image, une représentation de quelque chose d'abstrait. Bien souvent, l'homme personnifie ses peurs, ses angoisses, afin de rendre tangible l'intangible, de rendre supportable l'insupportable. L'homo sapiens, ou homme qui pense a élaboré autour de cette réalité. Prendre le contrôle de son espace pour le rendre vivable et exploitable est l'héritage d'une dynamique de l'évolution selon Darwin. Je vais prendre un petit exemple afin d'imager l'idée selon laquelle l'homme a besoin de personnifier son espace pour le rendre vivable. Le temps est représenté par un sablier, une horloge. C'est une belle allégorie pour représenter physiquement l'idée que la vie s'écoule, tels les grains de sable qui s'égrainent au fur et à mesure.

---

[1] https://www.larousse.fr/encyclopedie/divers/all%C3%A9gorie/19997

Pour aller plus loin dans l'idée que l'homme a besoin de mettre la main sur ce qu'il ne contrôle pas, dans le monde entier, il existe de nombreuses allégories sur la mort. Prenons l'exemple de la faucheuse. La faucheuse et son allégorie sont apparues pour la première fois en Europe au XIXe siècle à la suite de la grande pandémie de peste qui ravagea une grande partie de la population. À cette époque, de nombreux artistes se sont saisis de cet évènement pour imager la vision des nombreux cadavres amoncelés dans les rues, des squelettes en putréfaction, la mort ayant fauché leur âme.

Cette image est restée dans la conscience collective comme étant la mort. Pour autant c'est une création de l'homme. De nombreuses représentations existent, comme l'ange de la mort dans le judaïsme, Thanatos dans la mythologie grecque, ou encore Le Dulluhan (cavalier sans tête) dans la culture irlandaise. Par conséquent, on pourrait supposer, des suites de la COVID-19, que d'autres représentations de la mort pourraient apparaître, pourquoi pas une mort mi-cyborg mi-humain avec un grand tube respiratoire sortant de la bouche… Notre imagination est sans limite pour créer une réalité tangible à quelque chose qui ne l'est pas.

Si on regarde au-delà des simples allégories, la question de la mort est une véritable question existentielle qui, de tout temps, fait émerger de nombreuses théories, mythes, rites vis-à-vis d'elle. Peu importe l'époque, la civilisation, c'est un processus qui fascine l'homme. Pour sûr, la bible, la Thora, le coran, le Vinaya pitaka (bouddhisme), les mythologies grecques, romaines, égyptiennes, japonaises pour ne citer qu'elles, parlent toutes de cette réalité qu'est la mort.

Pour ma part, je positionne tous ces écrits, récits, mythes sur un pied d'égalité. Ils sont tous une retranscription humaine de ce qu'est la mort. Écrits à différentes époques, par différents individus, plus ou moins sacrés selon la croyance de chacun. Pour autant, nous en revenons toujours au même point. Il est difficile de définir un point de départ à la naissance de la mort et ce qu'elle est véritablement. Peut-être que le Vatican possède la réponse, mais je ne suis ni un templier ni le pape et ça ne serait qu'émettre des théories du complot. Ce qui n'est clairement pas l'idée et le but de cet ouvrage.

À mon sens la mort n'a aucun début et aucune fin. Elle est prise dans quelque chose de plus vaste : « *la vie* ». Le langage commun dit souvent d'elle, quand la mort touche notre existence « *c'est comme ça, c'est la vie !* ». Dit comme ça, on dirait une réponse toute faite remplie d'impuissance face à la situation vécue. Toutefois, c'est plutôt juste. La mort est prise dans un processus, dans le cycle éternel de la vie. La nature qui nous entoure nous le démontre chaque jour. Observons un petit peu, quand un animal meurt, sa décomposition permet de nourrir certains autres êtres vivants. Les charognards, les mouches, les larves, les micro-organismes contribuent à la décomposition de ce dernier. Un animal mort est une source de vie pour d'autres. L'idée derrière ça est que la mort physique de l'un permet de vivre pour d'autres. Tel un cycle infini qui permet au monde de maintenir un certain équilibre. Si je meurs physiquement, je contribue à la vie.

Cependant, il nous est difficile d'accepter le principe de réalité de la mort. Si elle est difficile à accepter, c'est qu'elle se joue à un autre niveau de conscience, au-delà de l'aspect physique des choses.

L'aspect physique de la mort est ce que l'homo sapiens redoute le plus. Cependant, la mort n'est pas uniquement de l'ordre du physique, elle est bien plus que ça. C'est tout un processus. Et, c'est le cœur même de ce livre : le processus face à cette réalité qu'est la mort. Alors tu l'auras compris quand je parle de mort, je parle d'un processus et non uniquement de la dimension physique des choses. Cette vision des choses m'a permis de transcender la mort. Elles m'ont permis de rendre tolérable cette réalité dans ma vie. De surcroît, cette perception m'a permis de renaître après avoir côtoyé de près ce processus qu'est la mort. Aujourd'hui je peux affirmer avec certitude que je ne crains plus la mort. C'est avec ce regard, cette idée que je souhaite démystifier et déconstruire avec toi ce principe de réalité. Afin de construire une nouvelle réalité apaisante et rassurante face à cette dernière. Parler de mort laisse souvent présager une certaine forme de mysticisme, de croyance religieuse ou autre sujet qui suscitent des débats idéologiques. Il n'en est rien. Mon fil conducteur s'appuie uniquement sur des faits tangibles, concrets, palpables avec des références et des concepts et des idées, approuvés.

Si la mort est bien plus que la mort physique d'une personne qui est-elle ?

La mort est un processus face à une situation qui bouleverse littéralement l'existence. Une perte de certains repères, la destruction d'une projection à la vie, construite par le biais de repères solides et tangibles. Un travail, un partenaire, un père, une mère, un frère, un chat, un chien… Plus ce repère est ancré dans sa vie, dans ses croyances, dans son schéma d'existence, plus la rupture à un impact. Je vais donner un exemple concret afin d'éclairer cette idée.

J'ai vécu la mort de ma mère ainsi que la mort de ma grand-mère. Deux morts physiques de personnes proches dans mon entourage d'un point de vue généalogique. La mort de ma grand-mère m'a attristé, m'a touchée. Pour autant, ma grand-mère occupait une place mineure dans mon existence. Je ne la voyais que très peu, elle était placée en EHPAD, à plus de 300 km de chez moi. Je lui rendais visite occasionnellement, je partageais quelques moments, mais assez peu pour tisser un lien profond, un puissant repère. Puis son état de santé s'est dégradé et la maladie d'Alzheimer a fini par ronger ses aptitudes physiques et psychiques. Elle tenait une place importante dans l'ordre généalogique des choses, en revanche, elle tenait une faible place dans ma vie. C'est triste à dire, mais c'est ainsi.

En revanche, j'ai traversé la mort de ma propre mère. Avant qu'elle ne décède, il y a eu un long processus avant qu'elle ne nous quitte. J'avais 21 ans quand les médecins lui ont décelé un cancer du poumon. À ce moment-là, je vivais encore chez mes parents. J'ai traversé la maladie à ses côtés, j'ai vu, perçu et vécu cette réalité au quotidien. Ma mère a été présente tout au long de mon existence, on partageait beaucoup de choses : humaines et généalogiques. Ce qui crée un repère tangible fort dans mon histoire. Sa mort a, par conséquent, fait exploser mes repères. Sa présence était un pilier dans ma projection au monde, et dans la construction de tout mon être.

En soi, dans les deux cas, deux personnes sont décédées pour autant le vécu émotionnel est différent.

L'ancrage, la nature du lien avec la personne, crée cette nuance entre les deux situations. Ce qui nous caractérise est l'attachement social, aux gens, aux personnes qui nous entourent, à eux seuls ils tissent le lien de l'existence. L'être humain est un être social, cet attachement aux autres, fait de nous ce que nous sommes. Y renoncer serait aller à contre sens de la vie. Il serait facile de se dire : je ne me lie avec personne, je ne construis aucun repère comme ça j'évite d'être violenté par la mort. Pour autant, c'est un non-sens. « Into the Wild » [2] de « Jon Krakauer » peu te prouver à quel point se déconnecter de notre propre humanité est un non-sens. Le résultat est une mort prématurée assurée. Désolé si je viens de te spoiler, honte à moi !

Néanmoins, la mort est quelque chose à laquelle on ne peut échapper. Nous sommes nés avec une date de péremption physique, pour autant ce qui nous intéresse, c'est amener cette mort dans une autre perception de la conscience.

La perte physique de quelque chose ou de quelqu'un nous ramène à notre psyché. Par exemple, lorsque j'ai perdu ma maman, ne plus l'avoir auprès de moi, me ramenait perpétuellement des flash-back de moments vécus. Des émotions, des ressentis remontaient à la surface, des larmes coulaient sur mon visage, comme pour signifier qu'effectivement il se passait quelque chose. Oui il se passait quelque chose dans mon esprit, le ressenti du manque, les émotions, pour autant la dimension physique restait inchangée. Elle n'était plus là.

---

[2] Jon Krakauer, Into the Wild, paru le 06/11/2008, edition: 10/18

C'est en ça que comprendre et apprendre à maîtriser ce processus est nécessaire afin de transformer et transcender l'énergie que la mort renferme. Parce que oui, la force destructrice de la mort est aussi celle qui crée la vie. Comment vivre, accepter, exploiter la mort de quelque chose ou de quelqu'un dans une idée de renouveau ?

Par définition, je qualifierai la mort tel un acte, un vécu, qui vient marquer une rupture, la fin de quelque chose. Le moment où je perds quelque chose ou quelqu'un et que mon esprit a du mal à se faire à l'idée que c'est la fin. Par conséquent, je pars du postulat que ce principe de réalité entre psychique et physique est applicable dans de nombreuses situations. Perdre son emploi, par exemple, se passe dans une dimension physique, pour autant cette perte est violente pour la psyché. Perte de repères, difficultés à projeter un avenir sans cette réalité.

Si tu traverses une période compliquée, marquée par un évènement tragique, les prochains chapitres viendront éclairer le pont entre psychique et physique. Ceci afin de te permettre d'exploiter la force qui se cache derrière la mort. Parce que oui la mort cache une force incroyable…

Cette première pierre posée sur l'idée de la mort est plutôt dense, je te l'accorde. Mais ne t'inquiète pas, tout au long de l'ouvrage, je te proposerai différents exercices faciles à faire afin que tu puisses te rendre compte de ton évolution, vis-à-vis de tes représentations, et t'accompagner en douceur dans ce cheminement de l'esprit. Le but étant de partager mon vécu, pour que toi aussi tu te donnes la possibilité de transcender des étapes difficiles et douloureuses. Pour rappel, tu n'es en compétition avec personne, prends le temps qu'il te faut, chemine à ton rythme. Le plus important n'est pas le résultat, mais le parcours que tu empruntes.

Afin de t'amener à réfléchir et te questionner sur l'ensemble des points abordés précédemment, je te propose le premier exercice afin de faire le point sur toi et tes représentations vis-à-vis de la mort.

Prends quelques instants pour toi pour le réaliser. Pose-toi de préférence dans un endroit calme, qui t'apaise, afin de répondre en conscience et faire cette gymnastique de l'esprit.

### *Exercice de l'état des lieux :*

Cet exercice a pour but de faire l'état des lieux après la lecture de ce premier chapitre.

Tu peux utiliser l'espace dédié à cet exercice dans le livre, tu peux te créer un petit cahier d'exercices, y répondre sur ton téléphone dans tes notes. Peu importe, tant que le support te convient.

1. Actuellement quelle est la représentation, l'idée que tu te fais de la mort ?

……………………………………………………………

……………………………………………………………

2. As-tu déjà eu des questions à ce sujet ?

……………………………………………………………

……………………………………………………………

3. Quelle est la dernière fois où cette question t'a traversé l'esprit ?

……………………………………………………………

……………………………………………………………

4. Dans quelle situation, à quel moment, sont survenues ces pensées ?

……………………………………………………………

……………………………………………………………

5. Quelles émotions, quels sentiments, ressentis as-tu quand tu penses, parles, vis ce sujet ?

...................................................................

...................................................................

6. Quelles sont tes attentes vis-à-vis de ce sujet ?

...................................................................

...................................................................

## 2.   **Les fondations :**

Une fois l'inventaire fait face à cette idée, que la mort est bien plus que la perte d'un être, d'une situation dans l'espace physique. Je vais maintenant aborder un point essentiel, celui du processus de la mort. Quel est son fondement ? Sur quel biais s'adosse-t-il ?

Dans cette partie, je vais présenter de manière globale le processus. Aborder les différentes étapes et points clefs, créer une feuille de route, tel un voyage aux confins de soi-même.

La mort est le résultat d'une fin, d'une rupture dans le parcours de vie. Elle est bien plus qu'une construction sociale, culturelle qui rendrait ce fait de vie acceptable humainement. Pour autant, accepter, faire avec ne signifie pas totalement guérir profondément. Tout un chacun a déjà entendu ces phrases bateau *« Pas le choix que de vivre avec. »*, ou encore *« Je n'oublie pas le passé. »*. Malgré tout, la réalité mortuaire est positionnée comme un fardeau, qu'on porte sur le dos, alors si c'est un fardeau c'est qu'à l'intérieur de ce sac se trouve quelque chose de lourd à porter. Il faut avoir le désir, l'envie et le courage d'ouvrir ce sac et de regarder ce qu'il y a en son sein. Les découvertes y sont étonnantes, surprenantes, parfois effrayantes pour autant dans les plus grandes peurs et souffrances réside une force méconnue.

Transcender la mort s'appuie sur différents vecteurs. Se familiariser, comprendre, agir sur sa propre individualité ainsi qu'agir dans le même temps sur sa propre réalité. Ses souffrances, ses peurs, ses angoisses, liées à cette réalité mortuaire. Ce qui fait ce que je suis aujourd'hui au quotidien. Le but si tu l'as compris est d'appréhender une dimension plutôt personnelle et intime tout en gardant un lien avec la vie extérieure. Une double dynamique afin de renaître tel un phénix. Un sacré programme, une chose est sûre, tout va bien se passer.

Afin d'ancrer ce cheminement dans une démarche cohérente, je vais m'appuyer sur différents concepts et théories déjà existants, traités par différents professionnels reconnus dans leur domaine. Le but est d'adosser mon propos, sur des idées ayant fait leurs preuves. Néanmoins, j'ai moi-même développé une conception des choses afin de faire le pont entre ces différentes théories. Pourquoi ça ? À mon sens, de nombreuses idées et théories existent sur cette question-là. Pour autant, lors de ma rencontre avec la mort, j'ai eu du mal à trouver une idéologie qui coïncidait parfaitement avec mes pensées et ma manière de vivre les choses. Souvent, ces idées sont isolées, cloisonnées dans leur champ. Ces théories s'additionnent, mais se complètent rarement. 1+1=3 ou 1+1=2 ? Pour ma part 1+1=3. Deux idées additionnées font naître une troisième idée et non une deuxième…

Ces cloisonnements m'ont souvent posé problème, quand j'œuvrais à chercher, trouver du sens, je me confrontais régulièrement au vide que formait le cloisonnement de ces théories. En ce sens que Mr X m'amène une réponse sur un sujet, Mme Y me propose une autre compréhension sur un autre sujet. Mais les deux ne fonctionnaient pas pour éclairer réellement mon questionnement initial. Alors la troisième idée est née.

Deux idées réunies œuvrent fondamentalement pour la même cause. Mais difficile de réellement les réunir en une seule et même idée qui se complète. C'est quelque part la conséquence de la croyance moderne scientifique, elle vise à offrir une vision précise, oui, mais morcelée. Elle divise les choses jusqu'aux plus petites cellules. Tout le monde dit tout et son contraire. Alors un combat de légitimité fait rage même dans la communauté scientifique. Quelque chose que personnellement je fuis et que je ne partage pas. On œuvre tous à notre échelle pour amener une compréhension sur un sujet. Alors mon cheminement a été de construire un pont entre plusieurs théories, idée afin de créer une conceptualisation des choses unifiée et non divisée. Le processus de la mort vise cette unification entre la vie et la mort et non une division entre deux phases distinctes.

Alors, dans ce premier chapitre, une attention particulière sera portée à la compréhension élargie avec de nombreuses références théoriques. Cette partie peut être un peu lourde, mais un conseil accroche-toi. Construire une nouvelle réalité face à la mort c'est comme construire une maison. Il faut avoir des fondations stables et fiables, réalisées avec des matériaux et techniques connus et reconnus. Ensuite vient le temps de construire les murs, le toit, etc. À ce moment-là, l'architecte peut donner libre cours à son imagination pour ériger une simple maison ou un monument.

Ramenée à notre sujet, cette construction du livre permet à l'esprit d'élaborer autour de nouvelles connaissances, d'un nouveau champ de compréhension. L'objectif dans un premier temps est de rassurer le mental qui a besoin d'avoir une dimension organisationnelle, une projection temporelle et pragmatique des choses. Tu sais, cette petite voix intérieure qui nous dit : « *Je ne comprends rien à ce qu'il me dit, il parle de son soi intérieur, mais il n'y a rien de concret, ça ne me parle pas, encore un vendeur de rêve !* », « *Ça ne marchera jamais regarde comment tu es, comment une personne extérieure peut mieux te comprendre que toi-même, c'est impossible !!!!* » ou encore « *Combien de temps ça va prendre ?* ».

Toutes ces petites pensées du quotidien qui chantonnent une mélodie de fond et créent un brouhaha ambiant. Ce mental a besoin d'être apaisé, d'être guidé, écouté. Pour ce faire, la compréhension est nécessaire pour ensuite rentrer dans une autre dimension de conscience. Alors je te propose de poursuivre pour comprendre. Rien ne t'empêche de faire des pauses si la théorie est trop dense. Faire des pauses en essayant de reconceptualiser dans son propre langage permet de mieux s'approprier le sujet. Alors fais des pauses, prends le temps, parle en ça permet de se familiariser avec ces différentes idées.

Allez ! On attaque l'entrée dans ce processus !

## 2.1. **Cerveau :**

Petite caboche, que nous caches-tu ?

Le cerveau logé au cœur de notre boîte crânienne est notre unité centrale. C'est de là que tout démarre. Ceci paraît une évidence, mais nous sommes bien forcés de constater que nous n'avons que très peu conscience de son fonctionnement réel. Les neurosciences ont fait de grandes découvertes ces cinquante dernières années, notamment avec le développement de l'imagerie afin d'observer cet organe si particulier.

Le savais-tu ? En janvier 2016, une équipe du CHU de Tours dirigée par le *Dr Ilyès Zemmoura*, [3]neurochirurgien, a réalisé une ablation de certaines zones du cerveau d'un patient atteint d'une tumeur, le tout sous hypnose. Vous vous demandez sûrement comment est-ce possible ? Le principe est simple, le patient est sous hypnose au moment de l'opération afin de plonger l'individu dans un état modifié de conscience.

Le patient est sous anesthésie pour l'ouverture de la boîte crânienne. Tout ce qui est extérieur au reste de l'opération devient des bruits de fond dans cet état modifié de conscience. Ils ne font plus partie de la réalité de l'individu. Le patient reste éveillé, tout au long de l'opération et exécute une suite d'exercices préalablement travaillés avec l'équipe médicale. Le chirurgien enlève les zones de la tumeur et dès que le patient fait des erreurs sur les exercices (oubli du mot, blocage de la parole, etc.), le chirurgien ne va pas plus

---

[3] Professeur des Universités-praticien Hospitalier, Neurochirurgien à Tour.

loin dans l'ablation. Il évite d'endommager des parties du cerveau qui laisseraient des séquelles irréversibles. Comment est-ce possible ? Le cerveau est un organe non innervé, c'est-à-dire qu'il n'y a pas de terminaison nerveuse pour déclencher la sensation de douleur. De plus, l'état modifié de conscience permet au patient de faire abstraction de la situation dans laquelle il est. Tu peux retrouver cette opération sur un article dédié.[4]

Les prouesses médicales sont incroyables et le cerveau est vraiment un organe fascinant capable de beaucoup de choses. Il est au cœur même de notre fonctionnement. C'est grâce à lui que tout le reste fonctionne. Pourtant, nous avons une méconnaissance de l'ensemble de ses possibilités. Aussi, cette opération prouve bien que la question de la conscience et des états modifiés de conscience est une affaire de cloisonnement de l'esprit. Si le corps médical, organe des plus scientifiques de notre société coopère avec des pratiques telles que l'hypnose, c'est que notre cerveau est capable de grandes choses. Alors je t'invite à poursuivre ta lecture afin d'en découvrir un peu plus sur ce qu'il est, comment il fonctionne. Pour comprendre comment agir, sur cette puissante unité centrale, afin de transformer ton expérience face à la mort, comme une nouvelle donnée et non une réalité préétablie.

Pour faire le lien avec cette anecdote d'opération novatrice. Dans la série *Rewired*[5] réalisée par le *Dr Joe*

---

[4] https://ibrain.univ-tours.fr/version-francaise/actualites/grand-public/media/au-chu-de-tours-zoom-sur-la-neurochirurgie-eveillee-sous-hypnose

[5] https://www.gaia.com/fr/series/rewired

*Dispenza*, [6]il explique simplement le fonctionnement du cerveau. Je te conseille de t'intéresser à son travail, il explique les choses avec une simplicité déconcertante. Le cerveau est le régulateur de notre corps, c'est lui qui traite l'ensemble des informations. Il a la faculté de générer des hormones, des réponses musculaires, de parler, de lire, de faire fonctionner nos organes vitaux, etc. Il est responsable de toute la machinerie qu'est notre corps. Le tout est relié à un circuit électrique afin de prendre de l'information sur le monde qui nous entoure et de générer la réponse la plus cohérente possible pour maintenir un équilibre de fonctionnement.

Cependant, le cerveau fonctionne comme un programme informatique, au fur et à mesure de notre existence, nous apprenons. Il suffit de regarder la croissance d'un enfant pour s'en rendre compte. Du stade intra-utérin à ses six ans, l'enfant passe du stade de nourrisson à l'enfant. Son cerveau et ses capacités cognitives grandissent à vue d'œil. Notre cerveau arrive à maturité vers l'âge de 25 ans. C'est le dernier organe à finir sa croissance, c'est pour dire à quel point le cerveau tient une place majeure dans notre vie. Il est important de saisir l'idée que cet organe est un élément clef dans toute ton existence.

Pour sûr, nous avons vu précédemment que des opérations sous hypnose sont possibles. Le cerveau crée, régule et contrôle notre existence. Pour autant, a-t-on réellement conscience de ses capacités et de ses défaillances ? Par expérience, notamment en tant que travailleur social, je suis affligé par la quantité de

---

[6] Neuroscientifique, chiropraticien, conférencier, auteur

problématiques neurodéveloppementales, de dégénérescences du cerveau ou autres maladies psychiatriques encore non élucidées à ce jour. Par exemple, nous ne sommes toujours pas en mesure de détecter, comprendre, accompagner de manière correcte et fiable des personnes atteintes de troubles autistiques, de guérir de la maladie de Parkinson ou encore de différencier correctement des troubles bipolaires de personnes à haut potentiel intellectuel.

Il est important de saisir l'idée que nous ne savons que trop peu de choses sur notre cerveau. Alors, décloisonne tes idées reçues et tes croyances, elles finiront tôt ou tard par voler en éclat. Le film « *Lucy* » réalisé par *Luc Besson* avec *Morgan Freeman* est vraiment incroyable pour illustrer l'idée : *« Et si nous disposions en conscience de 100% de nos capacités cognitives. »*. Une hypothèse vraiment incroyable. Cependant, à défaut de disposer de 100% des capacités de ton cerveau, en maîtriser une partie est important pour générer une nouvelle conscience de la mort. Comprendre les rudiments de ce qu'il est amène une perception différente des choses. C'est poser une première pierre pour mieux se comprendre. Pour autant, il est parfois difficile de comprendre comment ? Pourquoi il fonctionne ainsi ?

Le flot de la vie amène rarement à se soucier de son fonctionnement véritable. Le monde nous noie d'informations. C'est une véritable problématique de notre société moderne, tout va vite, très vite, nous sommes sans cesse exposés à toujours plus de sollicitations, de découvertes. L'aire du numérique à accentuer cette effervescence du toujours plus. En soi, ce n'est ni bon ni mauvais cette technologisation.

Cependant, notre cerveau, notre conscience de celui-ci est-il prêt à tout ça ? Arrive-t-il à assimiler consciemment l'ensemble de ce qui lui est apporté ? Sommes-nous en train de vivre un gavage cérébral ?

Il arrive, de manière indéfectible, que notre cerveau arrive à saturation en raison de fonctionnements erronés. Un fonctionnement erroné, prolongé, amène un craquage mental, que sont la dépression, les burn-out, le suicide, les comportements autodestructeurs... Le cerveau et la conscience que nous en avons sont dissociés de notre propre corps. L'activité neurologique envoie des réponses erronées en automatisme comme *Joe Dispenza* l'explique dans ses nombreux livres et séries concernant le fonctionnement neurologique du cerveau. Les pensées entêtantes, le stress, les idées noires, l'hyperactivité professionnelle, l'angoisse, les blessures du corps, les maladies. Tous ces évènements réponses sont des programmes pilotés par le cerveau. Basées sur une croyance intégrée, elles peuvent être sociales, familiales, environnementales...

Je crois que « le travail va me rendre heureux », « *je crois qu'il faut que je gagne plus d'argent* », « *je crois que mon voisin est un con* », etc. Le cerveau répond pour aller dans le sens où je lui dis d'aller avec mes pensées et met en action toute notre machinerie. L'instant de rupture est provoqué par quelque chose d'extérieur, trop de travail, perdre un proche, maladie, etc. Le vecteur commun à l'ensemble de ces évènements est la mort.

C'est en ça que le cerveau tient une place centrale dans l'élaboration du processus de mort. Lors de ces moments de vie, il est possible de reprendre la main sur cette programmation. Les moments tragiques nous ouvrent la porte à un reboot système afin de changer certaines données, certaines croyances. C'est maintenant qu'il faut agir. Pour autant, tu te demandes sûrement pourquoi ces instants de vie en particulier. J'y viens.

Pourquoi dans ces moments particulièrement ?

Avant de comprendre pourquoi ces instants de vie sont parfaits pour remettre en question ces croyances, je tiens à aborder d'autres aspects du fonctionnement du cerveau. Tu comprendras pourquoi une fois que le comment sera élucidé.

Le cerveau admet différentes dimensions, tu as sûrement dû entendre parler du conscient et de l'inconscient ou subconscient. De nombreux psychiatres, psychologues en parlent brillamment. Je pense notamment à *Karl Gustav Jung, Freud, Lacan* pour ne citer qu'eux. Pour faire simple, sans entrer dans de la psychologie pure et dure, le conscient est défini de cette manière par « *le Robert* » : « *Connaissance immédiate de sa propre activité psychique (s'oppose à inconscience). Perdre conscience. Connaissance immédiate, spontanée. Avoir, prendre conscience de quelque chose Avoir conscience de sa force, du danger. Sans complément Liberté\* de conscience.* [7] ». Par définition, j'ai conscience de ce que je fais et ce que j'éprouve, si ce n'est pas le cas je suis inconscient. Je vais l'illustrer de manière schématique afin que tu suives de manière logique le déroulé.

---

[7] https://dictionnaire.lerobert.com/definition/conscience

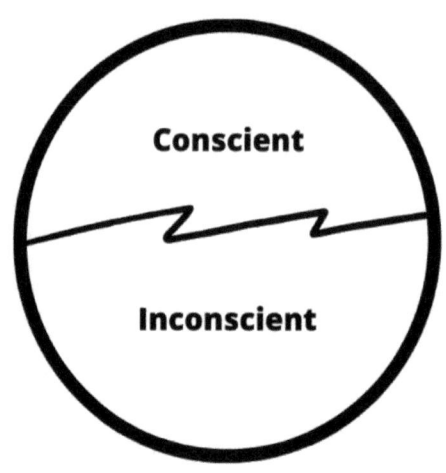

Le cerveau admet une partie consciente et inconsciente par opposition. Il semble facile de définir la partie consciente de notre être. Toutefois, il est plus difficile d'entrevoir les contours et les limites de l'inconscient. Par exemple, je respire chaque jour : c'est un fonctionnement dont j'ai conscience, car je sais que ça existe. Il est déclenché sans que j'aie besoin d'être concentré consciemment dessus, alors c'est un fonctionnement inconscient et conscient non ?

C'est en ça que le pourtour de ces deux notions, conscient et inconscient, est quelque peu nébuleux quand on y réfléchit de près. Alors la conscience révèle un autre aspect, quand on admet que je deviens conscient quand je focalise mon attention sur la chose. Cette focalisation de l'attention pourrait alors se traduire par la pensée. Je pense à ma respiration, je la ressens alors j'en deviens conscient. Tu es d'accord là-dessus ?

La pensée est un des fondements mêmes du fonctionnement conscient du cerveau. Nous pensons en continu, chaque jour est constitué de milliers de pensées. En revanche, nous pouvons aussi admettre que nous avons des pensées inconscientes. Par exemple, un souvenir survient dans notre esprit tel un flash quand nous sentons une odeur par exemple. Il arrive dans notre esprit de manière inopinée sans qu'un quelconque processus conscient ait agi dessus pour le faire apparaître. L'ensemble des pensées inconscientes sont liées à des souvenirs ou à des projections dans le futur. La pensée consciente se place uniquement dans le temps présent ici et maintenant. Pour illustrer ces propos, je vais alimenter le schéma construit précédemment.

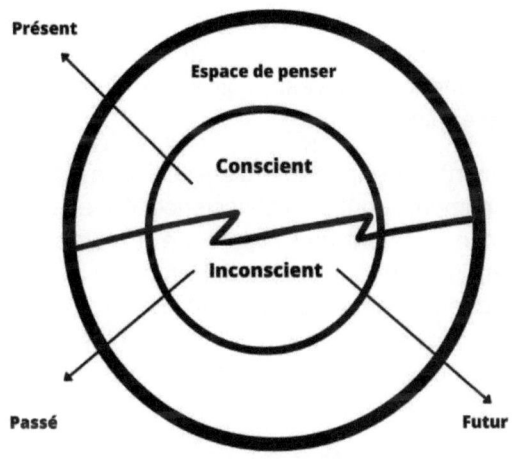

Donc le cerveau est l'unité centrale de l'ensemble de notre être, il contrôle notre métabolisme, nos pensées. De plus, as-tu déjà remarqué que lorsque tu es concentré sur une nouvelle tâche tu es bien plus concentré ? Ton cerveau ne connaît pas cette donnée alors il se focalise sur cette action pour intégrer la chose. Tu es alors plus conscient de ce que tu fais que lorsque tu fais une tâche répétitive que tu connais déjà. C'est dingue non ? Corrélé à la malléabilité cognitive décroissante au fil des années. Ça nous donne une hypothèse intéressante, et si la capacité à agir sur notre conscience était corrélée à la quantité de processus inconscients intégrés au fil des années ?

Pour sûr, il est difficile de changer une habitude, de modifier certains états de conscience. Globalement, il faut 21 jours pour ancrer de nouvelles habitudes. Il est nécessaire de répéter cette tâche chaque jour durant cette durée, pour que le cerveau la traite comme un nouveau programme. Pour répondre à « *comment intégrer de nouvelles données ?* », laisse supposer de nombreuses données. Une prise de conscience du fonctionnement du cerveau, agir sur ce dernier sur une durée déterminée.

Évidemment, il est possible d'agir uniquement sur des fonctionnements dont on a conscience. Par exemple, j'ai conscience qu'il faut que j'apprenne à mon cerveau à pratiquer du sport tous les jours. Parce que je me rends compte que ma vie sédentaire est nocive sur mon état de santé. Dans une vie quotidienne plus ou moins routinière, nous avons uniquement accès à un certain plan de la conscience.

Je vais maintenant répondre à la question « *Pourquoi dans ces moments particulièrement ?* »

La mort fait effraction dans la vie, elle percute l'existence. De plus, il est impossible de la prévoir avec exactitude. Tu es incapable de prédire quand tu vas mourir. Elle marque une telle rupture que tout un chacun, dans ces instants de vie, se retrouve à nu. Pour la simple et bonne raison qu'il est impossible pour la pensée projective de prévoir une pensée quelconque sur le moment de la mort.

À l'instant même où tu es percuté dans ta vie par cette rupture, elle te donne accès à un panel de connaissances sur ta propre existence. Alors si une prise de conscience est possible, c'est que l'inconscient ouvre des portes et fait remonter certaines choses enfouies et oubliées. Je vais prendre la question dans l'autre sens. Pourquoi faire bouger la conscience quand tout va bien ? Quand tout est stable et fonctionne plutôt correctement en apparence ?

Alors la mort joue un rôle prépondérant dans l'évolution du cerveau. Nous verrons un peu plus tard pourquoi. Tu as désormais en ta possession une compréhension du fonctionnement de ton cerveau. Il est temps de venir toucher un autre point, celui des émotions.

Au-delà du fonctionnement du cerveau, la mort implique des états émotionnels, ça tombe sous le sens. Nous verrons ensemble en quoi les émotions tiennent un rôle important, afin de les reconnaître, les comprendre et agir dessus. Une chose est sûre, tout va bien se passer. Bienvenue dans l'émotion.

## 2.2. *Émotion :*

Afin d'introduire cette sous-partie concernant l'émotion, je vais faire référence à l'ouvrage de *Daniel Goleman, « L'intelligence émotionnelle ».* [8]*Mr Goleman* est un docteur en psychologie enseignant à Harvard, ses livres sont des best-sellers. Si par la suite tu souhaites approfondir le sujet, je te conseille d'en lire quelques-uns. Pour ma part ils m'ont vraiment beaucoup aidé et apporté sur ma compréhension émotionnelle.

L'émotion fait le lien avec la première sous-partie concernant le cerveau. Au cours de l'évolution, notre cerveau s'est construit d'une certaine manière. Notre partie cérébrale la plus archaïque est celle du cerveau limbique, similaire à celle des primates. Ce qui nous différencie de nos cousins les singes est le néocortex. Cette zone du cerveau nous permet d'élaborer la pensée.

Le cerveau limbique est le siège des émotions. Les émotions sont fondamentales, elles sont ce qu'il y a de plus archaïque, les neurosciences nous le prouvent. Les animaux eux aussi possèdent un cerveau limbique. Nous sommes similaires aux animaux sur ce point, ne l'oublions pas. Nos comportements nous le prouvent. Qu'est-ce que la guerre si ce n'est défendre un territoire de manière très animale ? Cependant, force est de constater que nous avons du mal à appréhender le sens des émotions qui nous constituent. Alors qu'est-ce que

---

[8] Daniel Goleman, L'intelligence émotionnelle Intégrale analyser et contrôler ses sentiments et ses émotions, et ceux des autres, Edition J'ai lu, 2014

l'émotion ? Quel est son sens ? Quelles sont ses fonctions ?

*« L'Oxford English Dictionary définit l'émotion comme « une agitation ou un trouble de l'esprit, du sentiment, de la passion, tout état mental de véhémence ou d'excitation ». Je désigne par émotion à la fois un sentiment et les pensées, les états psychologiques et biologiques particuliers, ainsi que la gamme de tendances à l'action qu'il suscite. Il existe des centaines d'émotions, avec leurs combinaisons, variantes et mutations. [9]»*

Les émotions possèdent une multitude de variantes et de nuances. Un grand débat existe au sein de la communauté scientifique afin de déterminer s'il existe des émotions dites de bases ou non. S'il y a débat, c'est que le sujet regorge de subtilités. En tout état de cause, les recherches de *Paul Ekman* ont prouvé que les expressions faciales correspondant à quatre émotions différentes (la tristesse, la colère, la peur, le plaisir) sont identifiées par tous, même par des individus appartenant à des cultures du monde entier. Ceci permet de prouver l'universalité des émotions. Par conséquent, les émotions possèdent un noyau central, de là se déploient une multitude de nuances. Des humeurs moins intenses, mais qui durent plus longtemps. Il n'est pas rare de se sentir de mauvaise humeur pendant une journée. On dit bien : aujourd'hui je suis de mauvaise humeur. Néanmoins, il est rare de voir une personne en colère toute une journée avec la même intensité. Ce

---

[9] Daniel Goleman, L'intelligence émotionnelle Intégrale analyser et contrôler ses sentiments et ses émotions, et ceux des autres, Edition J'ai lu, 2014, page 403

qu'on appelle le tempérament, état plus passif et fugace, mais qui imprègne une personne de manière plus profonde. Les états les plus extrêmes de l'émotion se traduisent par des dépressions, de l'anxiété chronique, etc.

L'émotion est bel et bien universelle, elle traduit un état d'être de sa propre intériorité. Un système de ressentis et de pensées archaïques logé au cœur même de la partie la plus ancienne de notre cerveau.

Cependant quel est le rôle de l'émotion ?

Comme nous avons pu le voir, les émotions sont logées au cœur du système limbique de notre cerveau. Zone similaire à l'ensemble des animaux vivants.

Chez les animaux, les émotions servent de système de survie. Par exemple, lorsqu'un animal sent un danger imminent, l'ensemble de ses sens se met soudainement en alerte. Un chien aura les oreilles qui se dressent afin de mieux entendre, le rythme cardiaque s'accélère, afin de répondre de manière cohérente au danger. Ramené à notre espèce, que se passe-t-il quand nous avons peur, que nous ressentons un danger ? De manière générale, quand on ressent de la peur, trois solutions se proposent à toi. Soit tu affrontes, soit tu restes stoïque sans bouger, soit tu fuis. Cette réaction émotionnelle provoque des actions et réactions en chaîne tel un animal qui lutte pour sa survie.

Les émotions sont par conséquent une fonction protectrice de notre totalité. Cependant, elles peuvent aussi être dévastatrices. Quand l'émotion est trop grande, trop importante, elle se transforme en passion. Quand la passion de l'émotion te touche, elle déconnecte toute forme de cohérence. Lorsqu'un amour passionnel te touche, la raison n'a plus aucune emprise sur l'émotion. Cette passion pousse à des actes invraisemblables et irrationnels. La raison est simple, lorsqu'une l'émotion devient trop importante, qu'elle prend le dessus, celle-ci reste bloquée et logée au creux du cerveau limbique. Une petite glande permet de faire le pont entre le néocortex et le cerveau limbique. C'est l'amygdale. L'amygdale bloque l'information et l'émotion reste terrée dans quelque chose d'archaïque, d'animal. Combien de fois t'es-tu rendu compte que l'émotion d'amener à dire ou faire des choses qui dépassent ta pensée ?

C'est en ça que l'émotion est d'une puissance incroyable. Elle est le baromètre le plus ancien que nous possédons. Elle nous pousse à agir dans l'instant. Quand l'émotion est trop forte, nous perdons le contrôle de nos facultés rationnelles. La haine, la peur, la colère, l'amour passionnel sont des émotions qui peuvent faire basculer de la rationalité à l'irrationalité. L'amygdale en est le principal responsable.

Pour autant, nous possédons également une mémoire émotionnelle, contrôlée principalement par l'amygdale. Chaque situation que nous vivons est imprimée dans la mémoire cognitive ainsi que dans la mémoire émotionnelle. Pour sûr, quand tu te remémores tes dernières vacances, tu es également traversé par le panel émotionnel qu'il comporte. C'est merveilleux comme système. Mais comme évoqué précédemment l'émotion est générée par le cerveau limbique. Il est là pour nous protéger de situations dangereuses. C'est pour ça que bien souvent, nous avons une faculté accrue pour se rappeler du négatif, plus que du positif.

La mémoire émotionnelle agit dans le même intérêt que le cerveau limbique. Se souvenir de ce qui est dangereux nous protège dans un sens. Pour qu'un enfant se souvienne que le feu, ça brûle, il aura besoin de faire l'expérience d'une brûlure, de ressentir l'émotion que cela provoque pour ensuite s'en protéger.

Ce fonctionnement émotionnel général n'est pas sans rappeler qu'il est possible d'agir sur lui en prenant conscience de son fonctionnement, afin de déployer une autre approche de ses propres émotions.

Ramenée à notre sujet autour de la mort, celle-ci possède une empreinte émotionnelle forte. C'est en ça que l'émotion tient une place centrale dans le processus de mort. Prendre part à sa vie émotionnelle est nécessaire afin de rendre le vécu différent, surtout dans cette expérience de vie.

Je t'expliquerai comment agir sur cette dimension émotionnelle au fur et à mesure de l'ouvrage. Le but ici était de mettre une première pierre, à l'importance que porte l'émotion. Ce qu'elle est, ce qu'elle signifie, comment elle fonctionne et l'impact qu'elle peut avoir dans ta vie ?

La mort et son processus impliquent notre cerveau, nos émotions, nous arrivons maintenant à un nouveau point clef dans ce rouage : le corps. Il est la dernière pièce maîtresse de cet adage.

## 2.3. Corps

Ton corps tient un point essentiel. Il est le troisième pilier du processus. Je vais t'expliquer en quoi. Le corps est le témoin de notre passage sur terre. Chaque jour faisant, il est l'outil qui te permet d'agir, d'avancer au quotidien. Sans lui, le cerveau et les émotions n'auraient aucun sens et raison d'être. Il est le dernier maillon d'un mécanisme, de ton mécanisme.

Le corps est doté lui aussi de certaines capacités et possibilités. Il agit et réagit en lien avec le monde extérieur ainsi qu'avec ton monde intérieur. Dans le livre « *Dis-moi où tu as mal, je te dirai pourquoi.* » [10] de Michel ODOUL, il évoque l'idée que le corps est le témoin de maux. Il est le véhicule de certains maux de l'esprit conscient et inconscient. Quand tu te retrouves face à des situations anxiogènes, douloureuses, difficiles, ton corps réagit à cette tension. Il est certain que la langue française regorge de clins d'œil à ce sujet. Des expressions telles que « *J'en ai ras le bol.* », « Ça me prend la tête » ou encore « *J'en ai plein le dos.* » sont le témoin que le corps est imbriqué dans une dynamique expressive du vécu.

Par conséquent, le corps est bel et bien l'outil périphérique qui agit et témoigne de ce qui se passe dans le concret. Pour revenir à l'idée que ton cerveau est l'unité centrale, le corps serait le périphérique tel que l'imprimante, la souris, le clavier et l'écran. À quoi

---

[10] Michel Odoul, Dis-moi où tu as mal, je te dirais pourquoi Les cris du corps sont des messages de l'âme Elément de psycho-énergétique, Edition Albin Michel, 2002

servirait une unité centrale puissante et performante sans ses périphériques ? Elle serait inexploitable.

Ce qui est incroyable, c'est l'idée que le corps est à la fois un collecteur de données et qu'il communique de nombreuses informations. Nos cinq sens permettent en temps réel de faire un feed-back au cerveau et à l'émotion sur ce que tu vis au quotidien. À ça, se greffe le fait que notre corps parle pour nous. Le langage non verbal est une mine d'informations bien plus percutantes que les mots eux-mêmes. Par exemple, lors d'une discussion avec un collègue de travail, il est facile de savoir si ce dernier est intéressé par ce que tu lui dis ou non. Sans qu'il ait besoin de prononcer le moindre mot. C'est en ça que la dimension corporelle revêt un aspect important dans le processus.

Le but dans cette sous-partie est de venir toucher du doigt l'idée que le corps n'est pas juste un corps. C'est bien plus que ça. Il est à la fois l'acteur, le collecteur d'informations, mais aussi le témoin de tensions. De plus, dans l'idée première de ce qu'est la mort, c'est bel et bien la perte physique qui rend le vécu tragique. Le corps est ton véhicule, afin de faire le plus long parcours. Alors garde en tête qu'effectivement, la mort implique une perte physique, mais c'est bien plus que ça, le corps tient un rôle important et subtil. C'est ce que nous verrons un peu plus loin dans l'ouvrage. Il manque encore quelques éléments importants pour que tu puisses saisir la totalité du processus. Afin que chaque pièce du puzzle coïncide de manière juste afin de découvrir un nouveau tableau.

## 2.4. <u>La triade :</u>

Il est temps d'unifier les trois dimensions évoquées précédemment. Le cerveau, l'émotion et le corps. Comme évoqué précédemment, je soutiens l'idée de l'unification de la connaissance. Les trois précédentes sous-parties sont les trois piliers du processus de la mort que j'ai construit pour faire face à mon vécu douloureux. Pour rappel, le cerveau est l'unité centrale qui contrôle tout ce que tu vis, il impulse l'information, la perception, la gestion de la vie de manière générale. Comprendre son fonctionnement permet d'appréhender la vie de manière différente et d'éviter de subir des programmes autopilotés. L'émotion détient le ressenti de ce tu traverses, c'est le gardien de ton intégrité intérieure. C'est une barrière protectrice archaïque qui permet une survie.

Comprendre ses émotions c'est utiliser son émotivité innée pour vivre pleinement. Le corps est l'artisan physique de ta réalité, c'est lui qui modèle ton monde en fonction des indications de ton cerveau et de ton émotion. Il est le garant pour que tout se passe pour le mieux. Deuxième rappel, la mort survient en premier lieu dans la réalité physique. La perte, signifie la fin, la mort. Tu réalises dans le quotidien que quelque chose a changé, évolué, bougé par l'absence de retour d'informations. Car l'information n'est plus présente, physiquement palpable.

Par conséquent, ces trois aspects de ton être fonctionnent de manière interdépendante. De manière intrinsèque, ces différents aspects pilotent de manière consciente ou inconsciente ce que tu es. Cette unification est nécessaire pour poursuivre le chemin de la mort afin de créer une relation cohérente entre ce qu'est la mort et comment la rendre différente. Voici la représentation schématique de ce que j'avance :

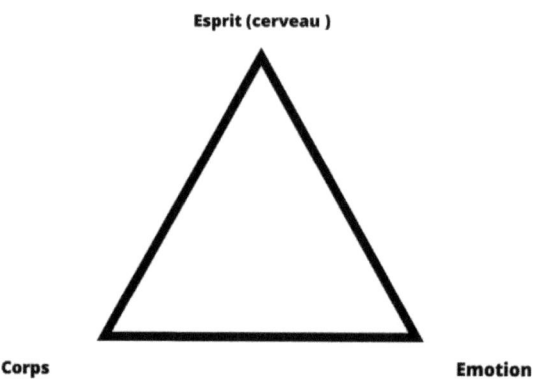

Ce triangle est la base de tout, il réunit l'ensemble de nos dimensions intérieures, extérieures et cognitives. Quand on y réfléchit de près, ces trois dimensions sont interconnectées : l'une communique des informations à l'autre en toutes les circonstances. C'est un réseau d'information complexe et puissant. Je développerai l'application concrète de ce triangle dans les prochains chapitres. Chaque chose en son temps. Pour autant, il manque un dernier élément afin de faire un tour complet du processus tel que je l'ai conçu dans mon parcours de vie.

## 3. **La ligne de vie :**

Les deux premières parties font état de la mort et des piliers sur lesquels se construit le processus. Néanmoins, une dimension manque à l'appel. L'intervention de la mort dans l'extériorité. En effet, il semble logique qu'un évènement extérieur mette en mouvement cette réalité unique qu'est la mort.

Pour ce faire, cette troisième partie est là pour positionner la réalité mortuaire dans un vécu réel et concret par le biais d'un autre processus reconnu à ce jour.

Le cerveau a besoin de comprendre pour assimiler de nouvelles choses. Je vais donc m'appuyer sur l'ouvrage du Dr Elizabeth Kübler-Ross, (psychologue et spécialiste du comportement) sorti en 1969 et intitulé « *On death and dying* ». [11] Elle présente pour la première fois les étapes du deuil. Celle-ci présente le processus en cinq étapes : l'annonce (point 0), le déni (incompréhension, négation, refus), la colère (révolte, inertie, argumentation), la tristesse (désespoir, dépression, absence de ressort), l'acceptation (résignation, pardon, quête de nouveau sens, regain d'énergie), l'intégration (sérénité, reconstruction, nouvelle force). Ce processus a, au fil des années, été retravaillé afin de devenir plus accessible. On parle généralement d'un deuil en sept étapes, pour ma part je vais m'appuyer sur celui en cinq étapes pour construire le processus de transcendance de la mort.

---

[11] Elizabeth Kübler-Ross, On death and dying, Edition Mac Millan, 1969

# LA COURBE DU DEUIL

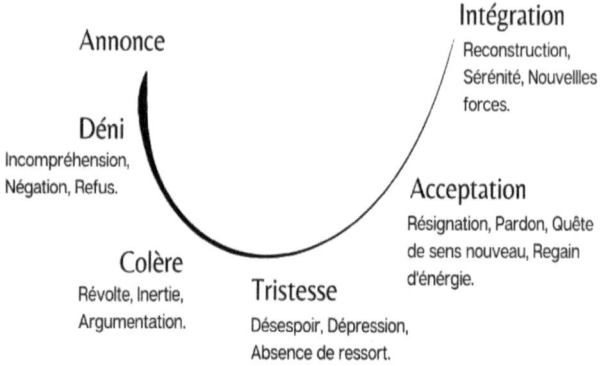

Comme évoqué précédemment, ces étapes sont une manière de marquer des points clefs sur le processus, en incluant que le vécu (réalité physique) et le ressenti (extérieur), soit un résultat non linéaire. Il est possible d'avoir le sentiment d'être pris dans deux points simultanément. Je peux à la fois avoir l'impression de vivre sur le plan physique une avancée majeure, mais sur le plan du ressenti, avoir l'impression de ne pas bouger. À l'inverse, je peux avoir le sentiment que mes ressentis intérieurs ne bougent pas et que je suis toujours enfermé dans des pensées entêtantes qui me font ressentir des émotions négatives et ne pas percevoir dans le monde extérieur que les choses ont bougé et évolué. Le but de ce premier apport est de donner une ligne directrice à ce processus, d'appréhender avec la partie organisationnelle et projective de notre cerveau.

Ceci est une première pierre pour comprendre le chemin. À présent, je te propose ma réappropriation de ces étapes du deuil. Pour ma part, quand j'ai traversé mon deuil, je me suis souvent retrouvé coincé par cette représentation graphique quelque peu réductrice. Mon cerveau me soufflait certaines pensées, mon émotion était vraiment à fleur de peau, et mon corps désirait tout autre chose. Ce triangle entre corps, cerveau et émotion ne suivait aucune cohérence. J'ai alors cherché à construire une autre grille de lecture. Voici à quoi elle ressemble :

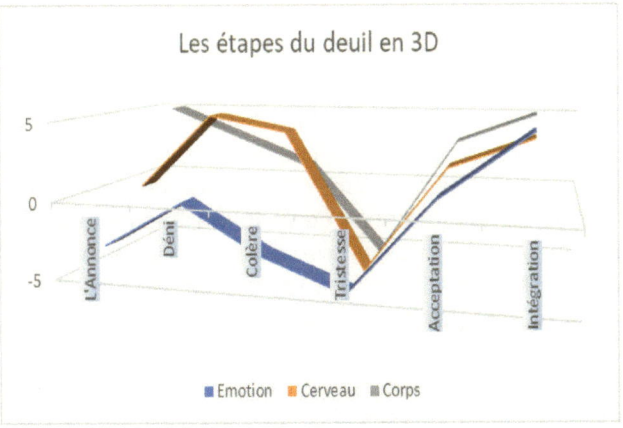

Cette représentation graphique positionne les étapes du deuil en trois dimensions. Notre monde est en 3D, le vécu quotidien est en 3D et non sur une feuille en 2D. Elle prend en considération le niveau d'implication et d'intrication entre corps, émotion et esprit. Chaque personne peut donner son échelle face aux étapes traversées tout en dissociant chaque dimension impliquée dans le processus.

Comme on peut le constater, de manière générale il existe des périodes où une forte dissociation est présente. L'émotion est souvent en chassé-croisé entre le corps et l'esprit. Le but pour transcender la mort est de connecter les trois vecteurs, qui impactent notre vie. En considérant la triade intérieure combinée au processus du deuil.

Le travail de l'émotion est un point clef, afin de garantir un cheminement opérant. Il est, à mon sens, le noyau central de tout changement de perception et de toute modification dans notre programme interne.

Pour sûr, quand on ressent de la joie, tout autour de nous est positif, on trouve que les gens sont agréables, la météo extérieure importe peu, etc. En revanche, quand on est triste ou en colère, le monde entier va mal : on est révolté par la misère du monde, le climat qui déraille, les gens deviennent tout à coup exécrables... C'est dingue la puissance de cette réalité émotionnelle. La bonne nouvelle c'est que je vais dans cet ouvrage décortiquer et décrypter les réalités émotionnelles lors du deuil, lors du processus de la mort, le tout en connexion avec le cerveau afin de lui communiquer les bonnes informations et le corps pour investir sa vie de la meilleure des manières. Le vécu corporel permet de renforcer le vécu émotionnel.

Par exemple, comment est-ce que je sais que le feu, ça brûle ? Dans la petite enfance, on s'est tous déjà brûlé au moins une fois. La sensation corporelle s'est alliée à l'énorme pleur de douleur, le cerveau a par conséquent assimilé que le feu, ça brûle. Ça paraît simple comme bonjour, pourtant face à la mort, ce principe de réalité est distordu, par nos croyances, par notre vécu corporel et émotionnel. D'ailleurs, combien de personnes restent traumatisées par un accident en voiture ? D'autant plus quand cet individu perd un proche dans ce même accident. Le vécu émotionnel est puissant, la douleur physique l'est tout autant…

Dans les prochains chapitres, je reviendrai pas à pas sur les étapes du deuil. En prenant en compte cette triple réalité, en proposant des champs de perception, des techniques pour ressentir et appréhender l'émotion ainsi que des idées d'application concrète dans le corps pour stabiliser cette nouvelle donnée. Le but étant de te sentir le mieux armé face à notre réalité humaine qui est : « on est né poussière et on le redeviendra, qu'on le veuille ou non. » La finalité étant de donner une place créatrice à un vécu en apparence tragique.

**À retenir** :

La mort questionne les hommes depuis la nuit des temps, nous sommes chaque jour et à chaque instant traversé par son existence.

La mort est prise dans une dynamique plus grande et plus complexe.

- La mort est un processus
- La mort est douloureuse psychiquement proportionnellement à notre lien avec la situation et/ou personne disparue

*Le processus de la mort :*

**Le cerveau :**

- Le cerveau est le centre de contrôle de ton existence, il fonctionne comme une unité centrale avec un ensemble de programmes. Nous ne possédons actuellement qu'une infime connaissance de la puissance du cerveau.

- La surstimulation informationnelle et de vécu amène des ruptures dans notre existence ( burn-out, dépression...)

- Notre cerveau fonctionne souvent en pilote automatique

-La mort nous donne la possibilité de faire un reboot système par le biais de prise de conscience

**L'Émotion :**

- C'est un fonctionnement de protection archaïque puissant

- La mémoire émotionnelle à un impact sur les programmes appris par notre cerveau. Les mémoires émotionnelles douloureuses sont plus profondément, car l'émotion est un système de défense archaïque.

**Le Corps :**

- Il est le reflet de notre cerveau et des émotions

- Il permet de collecter des informations sur le monde extérieur et interagir avec lui pour le modifier comme il l'imagine.

**La triade:**

Unifier les trois dimensions permet de créer un processus cohérent, car l'ensemble des dimensions sont interconnectées

**La feuille de route du processus du deuil**

- Appuyé théorique sur le travail de Kubler Ross sur la courbe du deuil.

- Création d'une courbe du deuil en 3D basé sur la triade corps cerveau émotion.

## *Chapitre 2 : Vivre la situation*

Vivre la situation, quel drôle de nom, comment vivre une situation qui nous prend au dépourvu ? Tel un choc, une violence faite à tout notre être. Ce genre de situation sans égal, cette sensation de se sentir divisé en deux, comme si on était spectateur de l'ouverture d'un grand abysse

23 juin 2019, je reçois un coup de téléphone. Mon père m'appelle, j'ai comme une sensation qui envahit mon corps. Je décroche, pas de place pour les politesses ou du moins, elles n'ont aucun sens, ses mots : « *maman est partie* ». Là, à cet instant, s'est créé un vide, l'ouverture d'un abysse. Mon cerveau s'était pourtant préparé à cette annonce, un cancer de stade 3, de manière très pragmatique, a très peu de chance de guérir totalement.

J'étais réaliste face à ce dénouement. Je lui dis : « *OK je fais mes affaires et j'arrive* ». Je raccroche. Je me tourne vers ma copine et je lui annonce la nouvelle et là j'explose littéralement en sanglots, l'émotion a repris toute sa puissance. Pourtant une partie de moi me disait : « *non ce n'est pas possible* ». Pourquoi ? La dimension physique des choses était encore non connectée, je n'avais pas vu cette réalité. Pourtant, de l'autre côté, la dimension émotionnelle avait créé un tsunami dans ma vie.

Ce vécu m'a clairement fait ressentir cette scission entre les différents plans de ma personne. Mes émotions étaient au rupteur, la dimension physique n'était pas atteinte (je n'avais pas vu physiquement la chose). Et, mon cerveau était perdu entre les deux. Un désastre en termes de réponses cognitives, en soi c'est normal, c'est ce qu'on appelle l'état de choc. De plus, on perd sa mère qu'une seule fois, impossible de préparer réellement une réponse, c'est comme si je te disais : « imagine *tu perds tes deux jambes, tu es maintenant en fauteuil* ». Tu peux réussir à visualiser le quotidien dans cette vie-là, mais le ressenti émotionnel est vraiment à des années lumières, il est inexact.

On oublie souvent ce que peut traverser et vivre la personne au-delà de l'aspect pratique, moteur. Quel regard porterais-tu sur toi-même ? Comment te sentirais-tu après un tel évènement ? Il est impossible de le savoir. Il faudrait trouver une technologie qui enregistre avec exactitude l'activité cérébrale et émotionnelle et qu'elle puisse l'enregistrer dans un programme pour ensuite le faire vivre à une autre personne par le biais de stimulation ou inhibition de certaines zones du cerveau. Ça serait dingue, mais clairement pas d'actualité. Peut-être la nouvelle génération de processus d'apprentissage ?

Le sujet n'est pas là pour autant, cet exemple nous montre parfaitement que l'état de choc est la première pierre de l'édifice. Cet état de choc crée une activité cérébrale différente : comment répondre à un évènement inconnu ?

## 1. **L'instant de l'intensité émotive :**

Une réponse plutôt simpliste en apparence, mais qui reste néanmoins vraie est de vivre cet instant au maximum dans le présent. Le fameux instant présent, cet instant de l'existence ou seul ce qui se passe ici et maintenant a de l'importance. Il est vrai que seul l'instant présent crée le futur. Pour approfondir ce sujet, je te conseille de lire « *Le pouvoir de l'instant présent* » de [12]*Eckhart Tolle*. Mon propos ne porte pas spécialement sur cette notion, mais il y trouve un appui essentiel. Tout au long du processus, j'évoquerai à différents moments l'importance de se connecter à cet instant. Il permet de faire un pas de recul, il permet, dans certains instants, de devenir observateur de ce qui se passe. Cette position d'observateur permet de donner une certaine hauteur, de faire le bilan de soi, d'où j'en suis, sur les ressentis, les actions que je fais, les pensées que j'ai, sans y agir dessus... C'est un point clef dans le processus d'être capable de faire une pause dans l'instant.

Ma solution la plus efficace pour s'ancrer à soi-même dans cet instant.

---

[12] Eckhart Tolle, Le pouvoir du moment présent guide d'éveil spirituel, Edition j'ai lu, 2000

## *Exercice de conscience respiratoire :*

Tu peux faire cet exercice n'importe où à n'importe quel moment. Pour ma part, j'adore faire cet exercice en plein milieu d'une multitude de gens, dans les transports en commun par exemple. Il permet vraiment de s'extraire en conscience de là où je suis afin de percevoir le monde en tant qu'observateur des choses, c'est amusant je trouve.

1) Ferme les yeux, prendre une première grande inspiration, expire de manière lente et consciente. Conscient de l'air qui traverse l'ensemble des poumons, ressens cet air frais, ressens simplement les sensations qu'il procure.

2) Prends une seconde inspiration encore plus profonde, toujours aussi conscient, expire avec calme et pense à un relâchement de l'ensemble du corps.

3) Enfin prendre une troisième inspiration en conscience, en répétant cette phrase « Quand j'ouvrirai les yeux, je serai lucide pour prendre une pause sur ce qui se passe ». Expire de manière lente en te répétant cette phrase une deuxième fois.

4) Ouvre les yeux, reprend une respiration naturelle, répète-toi une troisième fois cette phrase cette fois les yeux ouverts.

Maintenant, observe et regarde le monde qui t'entoure.

Un exercice simple et efficace à pratiquer n'importe où quand tu ressens que la pression monte trop. Ceci est une base méditative. Il n'y a pas besoin d'être un moine bouddhiste pour méditer et être conscient le temps d'un instant.

Au-delà de l'importance d'être le plus ancré possible à l'instant présent, vivre intensément les choses est d'autant plus important. Vis la situation de mort avec intensité, pleure toutes les larmes de ton corps si la déchirure est douloureuse, saoule-toi si ça peut te soulager (si on peut éviter ce genre de déboire, c'est mieux), crie si ça te fait du bien. Pourquoi je prends l'exemple extrême du mec qui va se saouler ?

Premièrement, parce que c'est socialement vrai, dans notre société, la consommation d'alcool étant non prohibée, on voit bien souvent des réactions post-traumatiques où l'individu boit pour oublier. Donc c'est socialement accepté de boire quand ça va mal. Cela questionne, mais ce n'est pas le sujet. En outre, la consommation d'alcool crée chez l'individu une réaction où il est « désinhibé ». Il pense qu'un verre de vin le soulagera. Être désinhibé permet un relâchement des émotions. Relâcher les émotions permet au cerveau de diminuer la charge cognitive et émotionnelle. As-tu déjà remarqué ?

La plupart du temps l'alcool exacerbe l'état émotionnel initial. Une personne triste quand elle boit aura l'alcool triste, une personne plutôt joyeuse aura l'alcool joyeux, une personne agressive voudra se battre avec tout le monde. Répondre de cette manière à un état de choc avec une certaine fréquence est qu'effectivement la relation émotion, corps, cerveau crée une habitude. L'émotion voulant se manifester déclenchera alors un signal dans le cerveau, le cerveau émettra alors la pensée et l'action : il faut aller boire.

En soi, à long terme, le processus n'est pas viable, mais si l'individu n'a pas construit d'autres canaux pour manifester son émotion, il sera difficile de faire autrement. Je vous conseille, pour manifester et libérer une émotion intense :

- S'autoriser à pleurer toutes les larmes de son corps (les hommes aussi peuvent pleurer ça fait du bien, on passe juste pour quelqu'un d'humain et sensible).

- Tenir un journal, écrire l'ensemble des ressentis face à la situation dans le moindre détail permet de diminuer la charge émotionnelle,

- Faire une pratique sportive qui favorise la respiration (Yoga, Pilate, boxe…)

- En parler avec quelqu'un de confiance.

Cette liste est non exhaustive et vous pouvez laisser libre cours à votre imagination et votre intuition c'est encore mieux. Le but étant de vivre avec le plus d'intensité possible la situation de choc.

Plus le choc dans l'instant est grand, plus les possibilités d'insérer un nouveau programme sont importantes. Pourquoi ? Plus le moment vécu est intense, plus la rupture est importante. Ça paraît masochiste, dit comme ça. Tu te demandes sûrement, pourquoi faudrait-il ressentir la souffrance de manière plus intense ? Comme disait un célèbre philosophe « *Il faut encore porter en soi un chaos, pour pouvoir mettre au monde une étoile dansante.* » [13]*Friedrich Wilhelm Nietzsche*.

Pour reprendre cette idée de Nietzsche selon laquelle il faudrait avoir du chaos en soi pour créer quelque chose

---

[13] https://www.cairn.info/revue-imaginaire-et-inconscient-2007-1-page-69.htm

de lumineux et incroyable par la suite. La rupture, le choc est la création de cet abysse entre l'émotion et le vécu. Il ouvre les portes de ce chaos intérieur. Ça paraît dingue, mais l'idée même du processus réside dans ça, créer du chaos et bien se familiariser avec, affronter ses peurs profondes, pour ensuite en faire quelque chose de magique. La mort dans son concept est la matérialisation la plus dense de ce chaos. S'y confronter avec intensité lui permet de prendre une plus grande place certes, mais tu verras par la suite que cette grande souffrance est la source de la création d'un nouveau soi.

De manière un peu plus imagée, est-ce qu'il vaut mieux une grosse fracture du tibia ou une petite fissure des côtes ? Le processus de consolidation et de régénération reste le même. À la seule différence que, soit c'est une petite douleur insidieuse qui dérange pendant longtemps, qui réduit la mobilité et crée beaucoup d'appréhension dans la vie quotidienne. Ou une grosse fracture qui fait très mal sur le coup, mais qui, une fois plâtrée, ne procure aucune douleur particulière juste de la patience et de l'attention ?

De plus, ce qui est incroyable, c'est que le processus de consolidation osseux est inconscient : le cerveau et les cellules agissent seuls, de surcroît lors d'une régénération osseuse, l'os devient plus dur et plus fort. C'est dingue les capacités du corps humain. Et si on prenait conscience de nos capacités de régénération des suites d'un traumatisme (osseux, musculaire, psychique…) ça serait admettre que notre puissance créatrice naît à base de chaos…

La consolidation osseuse nous montre clairement un aspect parfois oublié de nos propres capacités génétiques et innées. Cependant, lors du vécu d'une situation de mort, le vécu émotionnel prend une place importante et doit tenir un rang d'honneur. Pour autant, force est de constater que le vécu du corps est souvent en déconnexion totale avec l'émotion. Bien souvent, la force des choses nous pousse à être dans l'action, dans le faire.

Je vais dans la prochaine sous-partie partager l'idée que l'action presse le corps et nous déconnecte totalement de l'émotion.

## 2. **Le temps presse à l'action** :

Pour imager l'idée que la vie presse l'action, je vais commencer par raconter des passages de l'épisode mortuaire.

Pour reprendre, le 23 juin, mon père m'annonce le décès. Arrivé à l'hôpital, je découvre le corps de ma maman inerte, un chagrin incontrôlable m'envahit. Jusque-là, rien d'anormal au vu de l'explication présentée précédemment. J'ai évacué l'émotion par des pleurs. Ma sœur habitant plus loin, et ayant une gestion familiale à assurer, devait arriver un peu plus tard. Il devait être 17h, quand l'infirmière aussi gentille soit-elle, vient nous annoncer qu'à 18h30 ils doivent déplacer le corps à la morgue. Ma sœur devait arriver sur les coups de 17h30.

Une colère en moi est montée, je me suis dit : "c'est dingue, on ne peut même pas se recueillir en paix". On venait à peine de prendre conscience physiquement de la mort, et on nous presse avec des contraintes temporelles, gestionnaire de service hospitalité. Je me disais c'est dingue ce manque de considération du deuil d'une famille par le système hospitalier. Pressé par le temps, par la nécessité de libérer un lit. Le passage de l'état de vivant à mort est brusque et rude dans sa réalité corporelle et physique. Pour les proches, qui doivent composer avec le système tel qu'il est, pour moi qui venais de prendre une grande gifle.

J'ai pris d'autres gifles en constatant, par exemple, que la morgue avait son système de climatisation réfrigérée en panne. Imaginez l'odeur de la mort, de corps en putréfaction, nous étions en juin avec de très fortes chaleurs. Une odeur qui ne me quittera plus jamais.

C'est une violence olfactive, une autre forme de violence physique.

Pour terminer, le système funéraire est un très bel exemple pour montrer que le temps presse de passer à l'action. L'enterrement ou l'incinération est obligatoire, donc pas le choix sinon on est hors la loi. Vous savez la quantité de papier, formulaire et autre document à remplir ? Le prix d'un service funéraire ? Les délais d'attente ? Les conditions à remplir pour enterrer quelqu'un dans une commune ? Ce qui est le plus fou, c'est que tout ceci doit être fait dans un délai extrêmement court, à peine quelques jours. Comment dire qu'il est impossible de se focaliser uniquement sur l'émotion et prendre le temps. Le cerveau, quant à lui, est en hyper vigilance, les nuits sont courtes, le temps est compté.

Pendant tout le processus du passage de l'état de vivant à mort et enterré, j'ai noté d'innombrables violences sur le déroulé des choses. Des violences dans la dimension physique des choses, cette réalité dont on ne parle pas, car elle est normalisée dans le système.

Cette expérience de vie est transposable dans d'autres situations, je partage celle-ci, car elle est sans équivoque pour moi. La forme diffère, mais le fond reste le même. Vivre la situation de choc, en occident, est marqué par de nombreux décalages entre le corps et l'émotion. Que les rescapés de guerre en témoignent, le stress post-traumatique est bel et bien réel. Le cerveau engrange un grand nombre d'informations que le corps encaisse, mais que l'émotion trouve tout bonnement abjectes.

Ce monde qui va vite, toujours plus vite, ne laisse que très peu de place pour prendre le temps de vivre avec justesse la souffrance intérieure. Il faut du temps pour guérir une blessure, qu'elle soit physique et d'autant plus psychique. Alors, comment faire dans cette vie où tout va si vite ? Comment vivre la situation de mort en accord avec ce qui se passe et toute la fragilité de tes ressentis, quand l'espace et le temps semblent distordus comme dans le pire des cauchemars ?

Je vous emmène pour cette prise de recul afin de construire un récit viable et acceptable pour l'ensemble de notre être (corps, cerveau et émotions) dans d'autres contrées sur notre planète Terre.

## 3. <u>Une autre culture de la mort :</u>

Lors d'un voyage au Sénégal, j'ai découvert une culture de la mort vraiment étrange pour moi occidental.

Je discutais avec un Sénégalais qui s'appelle Joe. Il me racontait les coutumes qu'il y avait dans leur pays, je dirais même dans sa région. En effet, chaque région a des pratiques plus ou moins différentes, dans le sud du Sénégal, leur héritage est la culture Diola. Peuple vivant sur les lieux bien avant l'arrivée du colonialisme européen. La culture Diola, vénère des fétiches qui représentent différents aspects de leur existence. Il y a des fétiches pour les hommes, pour les femmes, pour l'ensemble du village, des bois sacrés où se déroulent des cérémonies et rituels de passage... Différents endroits de recueillement en fonction de leur demande à l'esprit supérieur.

Au-delà de la coutume et de la croyance qui leur est propre, Joe m'a expliqué ce qu'ils faisaient lorsque quelqu'un décède dans le village. Ils organisent une grande fête. Sur le coup, j'étais étonné, il m'explique alors plus en détail. Le mort est installé au pied du fétiche, on l'attache sur une chaise et tout le village vient faire la fête autour de lui, un grand repas est organisé, tout le monde chante et danse. Je me suis dit, c'est incroyable.

Comme quoi la culture de la mort est vraiment différente d'un pays à un autre. Quelque part, au-delà du rite « religieux », leur manière d'appréhender les choses est bien plus saine pour l'esprit. Déjà, de par leurs conditions de vie et le taux de mortalité bien supérieur à nous occidentaux, les situations mortuaires sont très courantes et ils intègrent cette réalité comme la continuité de quelque chose et non une fin en soi. Vivre une situation de mort est monnaie courante, alors choisir comme rite celui de faire la fête, permet non seulement de garder un souvenir festif et positif dans le corps, mais il permet également de faire basculer l'émotion sur un versant bien plus joyeux. Le cerveau, de son côté, communique des informations toutes autres et je suis sûr que le taux de dépression post-traumatique est bien moins important chez eux. Je pense aussi qu'ils ont d'autres soucis bien plus importants que la santé mentale, mais le fait de vivre la situation de mort avec festivité désamorce tellement de choses au niveau cognitif et cérébral.

L'idée m'a plu alors je l'ai gardée en mémoire, de manière très personnelle j'ai toujours voulu que le jour de mon enterrement, les gens viennent habiller comme ils le souhaitent, faire quelque chose de plus gai et moins lugubre. Il reste tout de même une question en suspens. Comment faire en sorte de vivre la situation de manière différente tout en gardant à l'esprit les conditions dans lesquelles notre civilisation nous impose de vivre cet évènement-là ? C'est maintenant que le processus de transcendance de la mort prend son sens. Je vous assure qu'il est possible de concevoir les choses autrement, ça n'a rien de savant, pourtant la conscience sera mise en exergue. En tout état de cause, on y est, alors on y va.

## 4. <u>Vivre c'est mourir :</u>

Nous avons en trame de fond le processus du deuil évoqué au précédent chapitre, pour rappel l'annonce fait partie intégrante du processus.

L'annonce est le point zéro, cet instant de vie où tout bascule, la vie ne sera plus jamais comme avant. Comme projeté du cockpit d'un avion dont le crash est imminent, l'émotion est intense, une obligation de faire face à la réalité de la tragédie. Le cerveau se met en automatique, robotisé par des procédures et actes à faire, à remplir, le corps agit. Le seul objectif dans cet instant : sortir de ce moment au plus vite. La perte de sens est importante, il n'est pas rare que certaines personnes pour se protéger de ce genre d'évènements fassent comme un black-out, ou du moins une forme d'amnésie. Le cerveau se met en off, en sécurité, pour se protéger de ce vécu traumatique. Comme on peut le voir sur le schéma en 3D, il y a une véritable scission. La meilleure chose à faire dans cet instant c'est lâcher prise, composer avec ce que vous êtes, faire de votre mieux pour survivre au crash. Parce que oui, ce qui se passe là, est un instinct de survie. Laisser la place à l'émotion, c'est préserver l'intégrité de la machine, faire face en agissant est une solution, fuir est une solution, rester paralysé est une solution. Aucune façon d'agir n'est préférable, quand on doit survivre on a tous des systèmes de défense différents. Alors, ne culpabilise en aucun cas de tes actes à cet instant. La culpabilité de survivre psychiquement est une hérésie.

Les points précédemment évoqués dans le chapitre sont une manière de comprendre ce qui se passe, de donner du sens à cette déconnexion entre corps, cerveau et émotion. Pourquoi un abîme s'est formé ? Par quel biais cette scission agit-elle ? Les informations que je t'ai délivrées sont une manière de déconstruire ton vécu, lui donner du sens pour reprendre le cours des choses par la suite.

Honnêtement, il est rare de garder un quelconque contrôle dans l'annonce, y parvenir c'est honorable. Pour autant ce self-contrôle apparent est la porte ouverte pour faire entrer des traumatismes dans le subconscient. Tu sais, cet espace de stockage de l'information perdu dans les limbes du cerveau. Je te rassure, il est possible d'y accéder, pour autant, il faudra en payer le prix. Le prix de la renonciation à toute forme de défense basée et construite sur l'ego, ou le prix d'une usure physique. Oui parce qu'il est possible d'être tellement cramponné à ses croyances, ses idéaux, je crois aller bien en apparence, mais mon corps agit d'une certaine manière ordonnée par le cerveau.

Jusqu'au jour où le corps abdique et tout remonte à la surface. Plus le temps passe et plus le vécu s'enfonce dans les profondeurs de notre être. Combien de personnes arrivées à un âge avancé, se retrouvent piégées par un passé, une vie tout entière à trouver des issues pour survivre. Pour autant, la mort nous rattrape tôt ou tard. L'âge avancé nous confronte à cette réalité de la mort et là ce n'est pas une mort extérieure, c'est notre propre mort, l'obsolescence de notre machine, les problèmes de santé arrivent à la file indienne.

Cependant, l'option de la renonciation à un système de défense égocentré est certes difficile, mais elle permet d'accéder à autre chose. Elle te permettra d'insérer une nouvelle idéologie dans ton cerveau qui aura un impact considérable sur l'ensemble du processus. Cette idéologie basée sur une pensée nouvelle qui, en dépit de tout, aura un réel impact. Pour sûr, nous générons chaque jour des milliers de pensées, alors pourquoi ne pas y insérer une pensée contrôlée, voulue ? Reprenons l'image du crash, du cockpit, de l'abîme, du vide, je veux que tu aies l'image d'un grand espace vide dans lequel on saute. Maintenant que tu as l'image en tête, visualise une pierre qu'on jetterait du haut de cette falaise. Plus le vide est important, plus l'impact aura une résonance, de par la gravité, l'accélération et l'ensemble des dynamiques de la physique. Dans notre esprit c'est la même chose, plus la pensée sera jetée de haut, plus l'impact aura un effet sur notre être.

Cette idée et cette pensée se résument à une seule chose ; et si cette mort était un cadeau ? Ce que je vis aujourd'hui est une chance incroyable. Si tu vis ça aujourd'hui c'est que la vie te met un défi sur la route, une épreuve. L'idéologie de trouver une part de positif, de beau dans chaque chose. Tu ne le vois peut-être pas encore, mais un jour quand tu regarderas le chemin parcouru, tu seras fier d'avoir transcendé cet évènement en quelque chose de beau et de créateur. Le monde autour de toi ira même jusqu'à dire : mais comment tu as fait… ?

Lors du décès de ma mère, je me suis accroché à cette idée, cette pensée que si la vie m'a mis à l'épreuve de perdre ma mère à l'âge de 23 ans, c'est que j'étais capable de traverser ça, que j'en sortirai grandi, changé à jamais, je voulais tirer le maximum d'énergie positive et rendre cet instant le plus beau possible. Je savais que ça allait être dur, je ne connaissais en aucun cas la suite du parcours. J'étais profondément convaincu que de cette idée-là ressortirait quelque chose de beau au-delà de la tragédie. Alors dans l'élan de cette idée, de cette pensée, j'ai pris mon courage à deux mains et j'ai eu la volonté d'écrire un discours pour elle, pas n'importe quel discours, le discours, mon discours. Un discours qui prônait le positif ou les gens auraient envie de se prendre par la main et de faire la paix avec eux-mêmes, avec les personnes qui les entourent. Parce que oui, ce qui est magique dans les enterrements, c'est que même les personnes ayant les plus grands différends, les plus grands conflits se retrouvent à poil devant cette réalité. Parce que la mort nous met à nu.

Elle a la force de réunir les gens, les familles, dans des situations aussi conflictuelles qu'elles soient, se détestant au plus haut point, c'est incroyable quand même. Comme si la mort nous rappelait à tous notre si petite existence face à l'immensité de la vie. Nous nous retrouvons tous, à cet instant, au diapason dans l'émotion. C'est rare que les hommes soient tous au diapason dans ce monde, alors j'ai saisi l'instant pour implanter cette idée lumineuse dans ma tête, j'ai écrit ce discours, je vous raconterai ensuite ce qui s'est passé. C'était magique.

*« Pour toi Maman :*

*Maman; Maman*

*Ma main, Ta main*

*Les paumes superposées, serrées.*

*Tes yeux plongés dans les miens,*

*Un dernier regard, un dernier sourire.*

*Tes beaux yeux me manqueront.*

*Maman; maman*

*Je me souviens, de ce lien*

*Si fort et si étroit*

*Si peu dans le langage commun*

*Mais si grand dans le mien.*


*De là se bousculent des moments si forts en moi.*

*Tu étais si rayonnante et pleine de vie.*

*J'entends encore tes youhou*

*Au bord des terrains*

*Là où tu m'accompagnais, tous les week-ends, que ce soit à Pamiers, Villefranche de Lauragais ou encore le gymnase juste à côté.*


*Ta voix retentissait, comme une explosion de joie, de soutien.*

*Une manière d'exprimer un amour si grand*

*Pour ton enfant que tu appelais mon Grand.*

*Un souvenir avec une valeur inestimable*


*Maman, maman*

*Tu m'as appris à aimer,*

*Tu m'as transmis ta sensibilité*

*Cette sensibilité qui faisait de toi*

*La belle personne que tu étais.*

*Tu donnais aux gens que tu aimais sans compter.*

*Tu m'as donné cet amour pour l'humanité.*

*Ce voyage, là où le peuple sénégalais nous a reçus comme des frères de cette terre.*

*M'a fait comprendre le sens des mots, **aider** et **partager**.*

*Des souvenirs j'en ai des milliers*

*Je garde en moi ta trace que personne ne pourra effacer.*

*Maman ; maman*

*Regarde tous ces gens qui sont là pour toi.*

*Tu vois eux aussi ils t'aiment*

*On t'aime tous*

*Tu resteras à jamais gravée dans nos cœurs,*

*Dans nos mémoires*

*Pour tout ce que tu as fait.*

*Je veux te rendre un dernier hommage*

*Un dernier moment de partage*

*Pour ce faire, j'aimerais que tout le monde se lève, prenne la main de son voisin.*

*Pour communier tous ensemble et lui dire au revoir comme il se doit,*

*Repensons à tous ces merveilleux moments passés avec toi.*

*De la peine, des joies, des rires, de la vie.*

*Une embrassade, une accolade, pourquoi pas !*

*Pour mettre en lumière ces valeurs auxquelles tu tenais tant.*

*Maman maman,*

*C'est un moment émouvant*

*Ton fils qui t'aime tant*

*Te dire un dernier au revoir dans la maison du Seigneur*

*Pour que le jour où on se retrouvera*

*Tu sois fière de moi.*

*Maman je t'aime. »*

Le résultat de ce discours, une standing ovation dans une église, les gens se sont mis à applaudir à l'unisson. Vous en avez déjà vue vous des standings ovation dans une église le jour d'un enterrement ? Pour ma part, jamais.

Je n'ai aucune prétention vis-à-vis de ce que j'ai fait, c'est simplement l'idée et la volonté que ce moment était une opportunité de transcender mon existence qui m'a porté. Je t'assure, vis les choses comme tu le peux, mais soignes ton cœur, ton émotion, agis au mieux, mais garde en tête que tout va bien se passer, que dans chaque évènement tragique se cache une leçon de vie un moyen de créer au travers de la plus grande obscurité. Au cœur de la nuit, les étoiles sont nos guides, dans le noir, il ne fait jamais totalement noir, il y a toujours une petite lueur, aussi infime soit-elle. Même si tu ne le vois pas encore, ça viendra, ça prendra le temps qu'il faudra, mais croyez en cette chance. C'est ici et maintenant que commence la transcendance de la mort, à toi de prendre le chemin. Es-tu assez courageux pour ce voyage ? Seul tu peux y répondre. Dans tous les cas, on n'est jamais prêt pour cette traversée, la porte est ouverte, franchis-tu le seuil ?

**À retenir** :

**L'instant de l'intensité émotive :**

- Laisse l'émotion t'envahir, c'est le plus bénéfique à faire à cet instant.

- Agis comme tu le peux.

- Ce que tu fais pendant la situation de choc émane de ton système de défense actuel. Donc pas de stress, tout va bien se passer.

- Prend conscience qu'il est possible d'insérer de nouvelles données dans cet instant est un premier pas.

- Ta capacité de guérison est incroyable alors ne t'en fait pas tu es sur le bon chemin

**Le temps presse à l'action :**

- Tu te sentiras sûrement subjuguer, violenté par le vécu dans le monde extérieur. C'est normal, car elle raisonne avec l'intensité émotive.

**Une autre culture de la mort :**

- Il existe différentes manières de vivre la mort dans le monde. Si celle que tu as apprise culturellement ou cultuellement ne te conviens pas libre à toi d'en changer. Vie, exprime les choses comme tu le ressens.

**Vivre c'est mourir :**

- Rappelle-toi que le processus de la mort possède différentes dimensions. Ce que tu vis est sûrement douloureux, mais c'est une étape éphémère, tout est normal.

- Vouloir garder le contrôle dans cet instant est une hérésie, ça sera contre-productif par la suite

- Ce qui se passe est l'occasion de sauter dans une aventure de vie. Ce qui est douloureux aujourd'hui le deviendra beaucoup moins si tu prends soin de ton corps de tes émotions et de ton esprit.

## *Chapitre 3 : Plonger dans les ténèbres*

*« La noirceur est l'ombre de la lumière »*

Le choc de la situation, première étape du deuil, te voici dans le moment d'après. Une plongée dans les ténèbres, une période peu évidente, il est vrai. Je suis honnête et sincère, c'est sûrement une des périodes les plus compliquées. Néanmoins, garde en tête l'idéologie première, cette souffrance a quelque chose de beau à offrir. Alors, plonge sans plus attendre dans ce monde. Je vais t'accompagner dans ce saut dans la vie d'après.

Il faut bien commencer quelque part, une petite définition, ça te dit ? Afin de comprendre où tu mets les pieds.

Les ténèbres, la définition du *Larousse* est sans équivoque, « *1. Obscurité profonde, sinistre, qui peut provoquer de la peur, l'angoisse. Synonymes : nuit – ombre 2. Domaine de ce qui est obscur, inconnu, difficile à comprendre. Synonymes : mystère – opacité 3. Office de nuit du jeudi et du vendredi saints.* ». [14]Nuit, ombre, mystère et opacité des synonymes positionnés dans un champ lexical avec une définition proche de la mort. On parle souvent de la mort comme le sommeil éternel, d'ailleurs, la troisième définition porte une connotation religieuse. Le religieux ayant véritablement un mysticisme gravé en son saint (sein), un mystère. Ou est la vérité religieuse ? Elle est propre à chacun, je laisse ce débat pour d'autres. Pour autant, au-delà du mysticisme, il est curieux de constater que mystère et mysticisme possèdent la même consonance. Mystère

---

[14] https://www.larousse.fr/dictionnaires/francais/t%C3%A9n%C3%A8bres/77282

est un synonyme de ténèbres. La sémantique des mots recèle bien souvent le mystère de la langue. Un mot porte une vibration, une histoire, un sens caché et oublié. Le langage commun à dissimuler souvent le sens originel. Alors il faut retourner à la racine pour en dévoiler son essence.

Plonger est un verbe d'action, le *Larousse* en donne cette définition :

« *1. Faire entrer entièrement ou en partie quelque chose dans un liquide.*

*Synonymes : Baigner – Immerger – Tremper.*

*2. Enfoncer une partie du corps dans quelque chose ou l'y mettre jusqu'au fond, entièrement, franchement.*

*Synonymes : enfouir – engager – fourrer – introduire*

*3. Enfoncer profondément une arme. Synonymes : précipiter*

*4. Précipiter quelqu'un, un groupe, dans un état, une situation.*

*Synonymes : jeter.* » [15]

S'immerger dans les ténèbres, voilà quelque chose de curieux. Pourtant, si on en croit le processus du deuil présenté au chapitre précédent, certaines étapes sont quelque peu ténébreuses : le déni, la colère, la tristesse est ce qu'elle détient en son cœur. Une noirceur apparente, supposons une plongé dans les ténèbres, il se passe quoi ? Que dit notre cerveau à ce sujet ? Quel

---

[15] https://www.larousse.fr/dictionnaires/francais/plonger/61748

est le sens, de cette expédition ? Comment en ressortir véritablement ? Que dit le corps ? Que dit l'émotion ?

Tout un tas de questions qui prouvent que ton fonctionnement est cohérent. Dit comme ça, plonger dans la peur, le mystère, la noirceur paraît incongrue. Si tu ressens de la peur, de l'angoisse, un scepticisme à l'annonce de ce chapitre, c'est normal. Pourtant, je t'assure que consciemment ou inconsciemment on plonge tous, tôt ou tard dans les ténèbres.

On parle de blessure sur le parcours de vie. On guérit de ces blessures, mais elles laissent des traces. Si on considère que la blessure physique, psychique ou peu importe quel type de blessure est une rupture. Alors l'abîme est ouvert, la plaie est formée, on soigne une blessure physique en désinfectant tout ce qui est vicié, souillé pour éviter une infection. C'est évident. On nettoie, on protège, on soigne, un esprit, un corps et un cerveau meurtri par une mort avec une forme différente, mais le fond reste le même.

L'intention est similaire, les techniques utilisées demeurent moins palpables encore que. De nombreux ouvrages, témoignages parlent d'expérience de mort. Des personnes qui se réveillent d'un coma, des personnes déclarées en mort cérébrale et qui, par « miracle » reviennent soudainement à la vie, ou encore des personnes victimes d'accident dont l'ensemble du corps médical déclare de manière très solennelle : il vous sera impossible de remarcher, et qui, en dépit de toute remarque, guérissent de leur blessure. Il existe suffisamment de preuves de témoignages qui démontrent que le corps et l'esprit détiennent une force de guérison incroyable. Le cerveau et l'émotion sont le générateur de tout.

Ce chapitre est une plongée en conscience dans les ténèbres afin d'y implanter les graines de la résurrection, tel un phénix.

Le Phénix renaît de ses cendres, il meurt, il fait face aux ténèbres pour faire renaître son propre feu. Alors embrasse tes ténèbres, c'est le grand plongeon vers la transcendance.

## 1. Jalon du sombre

Pour introduire le jalon du sombre, j'aimerais faire un petit détour par certaines notions. Pour imager cette idée, les jalons sont un peu comme les glissières de sécurité au bord des routes. En ce sens où elles permettent de sécuriser le chemin. Elles sont les remparts afin d'assurer notre sécurité en cas d'accident de la route. Si on reprend la fonction de ces glissières, elles sont là pour assurer la sécurité des automobilistes ainsi que délimiter le tracé de la voie praticable. Quelque part tu es l'automobiliste de ta vie, ton corps est ton véhicule, ton cerveau le moteur et tes émotions, les capteurs d'informations sur ce qui se déroule autour de toi.

Pour arpenter la route et se sentir en sécurité sur celle-ci il semble logique de s'assurer que le contrôle technique soit OK, que la pression des pneus soit bonne, que le moteur tourne correctement, que les détecteurs soient en bon état de marche. Si on reprend l'analogie entre un véhicule, la route et ton corps il semble logique de dire qu'il est moins aisé de rouler de nuit, sous une pluie torrentielle, sous la neige, quand il y a du verglas ou encore sur des chemins boueux non balisés. Alors connaître ton véhicule est essentiel afin de savoir comment agir quand des situations critiques se présentent et ainsi éviter le crash.

Apprendre à se connaître est une des clefs, cependant tu te demandes sûrement comment y parvenir. C'est ce que je vais tâcher de faire afin de te permettre de plonger dans la nuit sans risque.

## 1.1 Assurer un socle sécure :

Pour reprendre la comparaison faite précédemment, avant de prendre la route, il est important de vérifier certains points. Le socle sécure est un des premiers points importants pour partir à l'exploration du monde des ténèbres.

Tu te demandes sûrement ce qu'est un socle sécure ? Un socle sécure fait référence à la théorie de l'attachement de *Bowlby*. [16] Célèbre psychologue anglais qui a fait notamment la découverte des différents types d'attachements chez l'enfant. Cette découverte a permis de nombreuses avancées en termes de compréhension de certaines problématiques chez l'enfant dans son processus de développement. De nos jours, cette théorie de l'attachement est largement utilisée dans le domaine du social et médico-social.

En effet, ce que *Bowlby* amène c'est une nouvelle grille de lecture sur le lien mère enfant et viens compléter les recherches de *Winnicott*[17], sur le développement de ce dernier. En résumé il existe plusieurs types d'attachements, l'attachement sécurisant, l'attachement ambivalent, l'attachement désorganisé et l'attachement insécurisant de type déviant.

Dans mon propos je vais m'attarder essentiellement à l'attachement de type sécurisant. Il est l'attachement idéal, néanmoins les recherches en psychologie sociale démontrent que des traumatismes vécus durant

---

[16] Bowlby est un célèbre psychiatre et psychanalyste britannique des années 1970.
[17] Winnicott est un célèbre pédiatre et psychanalyste britannique des années 1950.

l'enfance peuvent provoquer des attachements dits « problème ».

Ce sont ceux présentés précédemment si le sujet t'intéresse, de nombreux articles existent sur *Cairn*.[18] Pour sûr, dans la poursuite de ton exploration s'assurer d'être dans un attachement sécurisant est essentiel afin de garantir une avancée, qui soit cohérente, opérante et surtout qu'elle ne fasse pas effraction dans ta vie. De manière générale, un attachement sécure montre un enfant plus enthousiaste et plus actif dans les activités d'exploration. Cette dimension de l'exploration sécure est essentielle afin de garantir une volonté de découverte en toute sécurité.

Dans ta situation s'assurer d'un socle sécure s'apparente à dire qu'il faut construire un attachement sécurisant à l'exploration du processus de la mort. C'est un peu ta ceinture de sécurité interne, il faut qu'elle puisse fonctionner quand tu es en danger ou qu'un accident pointe le bout de son nez. Un socle sécure se traduit par l'entourage que ce soit la famille, les amies, une relation de confiance avec soi-même.

Bien entendu comme la ceinture de sécurité dans une voiture, il faut l'attacher au moment du départ sinon elle ne sert pas à grand-chose. On pourrait aussi la comparer à des airbags qui seront là pour t'amortir lors de choc violent. Quelque part en fonction du constructeur, certains s sont disponibles de série ou non et sont de plus ou moins bonne qualité. Pour autant, si tu deviens technicien de ton propre véhicule tu peux changer certaines pièces défectueuses ou ajouter de nouvelle technologie afin de perfectionner tes éléments

---

[18] https://www.cairn.info/revue-enfances-et-psy-2015-2-page-14.htm

de sécurité. De plus, tu peux avoir de très bon équipement de série, mais si tu n'apprends pas à piloter tu les endommageras rapidement et ils deviendront défectueux par la suite.

Néanmoins, construire un socle sécure au travers du processus de la mort passe par différents biais. Afin de délimiter un cadre d'approche opérant et non dangereux, il est important que tu t'assures d'avoir suffisamment de jalons psychique, physique et émotionnel disposés dans ta vie. Parce que oui, partir dans les ténèbres n'est pas tellement attirant, toucher à certaines parties de ton inconscient peut créer de véritables dégâts. C'est comme accélérer, pied au plancher, en pleine nuit. Certes, tu peux te découvrir un vrai talent de pilote, tu vas sûrement vivre des sensations incroyables, adrénaline, excitation… Mais bon les probabilités de crash sont importantes. Le talent n'est rien sans le travail et la maîtrise du sujet. Alors boucle ta ceinture, on part à l'aventure des limites et des jalons.

## 1.2 **Définir des limites :**

Pour rentrer directement dans le vif du sujet, je vais te présenter un premier point essentiel. Il met en exergue cette dimension des limites et pose souvent des soucis pour appréhender au plus juste cette question-là.

Tu as sûrement déjà entendu dans le langage commun ce mot « *borderline* ». Ce mot veut dire « *à la limites* ». Il a été utilisé comme expression pour faire référence à une personne à la limite entre la névrose et la psychose. La névrose se définit de cette manière « *Affection, caractérisée par des troubles affectifs et émotionnels sans aucune cause anatomique, et intimement liée à la vie psychique du sujet.* [19] » La psychose[20] quant à elle se définit de cette manière : « *Maladie mentale ignorée de la personne qui en est atteinte (à la différence de la névrose) et qui provoque des troubles de la personnalité.* »

En outre ce sont des cas extrêmes si tu as un quelconque doute sur une dimension névrotique ou psychotique de ta personne, je te conseille tout de même de consulter un spécialiste afin de t'aider. Quelque part, je mets un point d'alerte si tu identifies chez toi un côté borderline, il est important d'y faire attention.

Néanmoins, je définirai l'aspect borderline de manière plus douce, si par ton vécu tu identifies des moments dans ton histoire où, tu as ressenti ou éprouvé le besoin de tester certaines limites et certains cadres.

---

[19] https://dictionnaire.lerobert.com/definition/nevrose
[20] https://dictionnaire.lerobert.com/definition/psychose

Tu ne t'en souviens peut-être pas, mais quand tu étais enfant, tu as testé certaines limites afin de définir un cadre de développement. Processus dont tu n'as pas forcément conscience actuellement. Pour autant, l'éducation que l'on reçoit étant enfant, admets que tu sois plus ou moins sensible à certains aspects du cadre et des règles. Ce cadre et ces règles définissent au départ une marge d'évolution et d'exploration dans le monde. L'adolescence fait partie de ces moments de vie où tu as sûrement éprouvé ce cadre, en désaccord avec tes parents, les professeurs, force de l'ordre public, etc.

Si on reprend la démarche du processus de la mort, elle te propulse dans un vécu profondément douloureux. Plonger dans certaines étapes peut être effroyable et te fait vivre une souffrance sans nom. C'est en ça que définir ta propre limite est essentiel, afin de t'immerger sans être submergé par cette expérience. Je vais te partager une petite anecdote pour imager tout ça.

Je suis Haut Potentiel Intellectuel, dyslexique, ayant vécu certains traumatismes dans mon enfance, à mon adolescence et à l'âge adulte. Ma propre construction psychique due à mes particularités cognitives, à mon éducation, à mon vécu, m'a souvent amené à développer ma pensée, ma curiosité, mon besoin de comprendre, d'analyser les choses. J'ai pendant des années eu besoin de tester le cadre et les limites vis-à-vis de certains principes de fonctionnement.

Par exemple, j'ai poussé des raisonnements, des pensées très loin, j'ai ensuite essayé de les transposer dans la réalité. Mais la réalité me mettait toujours une gifle, la raison était simple, je faisais effraction dans certaines limites, que ce soit pour moi émotionnellement, que ce soit pour les autres dans ce que je renvoyais. Pour sûr, la première fois que j'ai évoqué la thématique de la mort en dehors de mon esprit, mes idées étaient sombres. Ça peut être violent pour tout le monde. Pour ma part, j'ai souvent été borderline d'un point de vue idéologique, pour toi ce seront peut-être des comportements borderline dans tes relations amoureuses, dans ta relation aux addictions, etc. Tout un chacun possède ses propres limites définies par ce qu'il est à l'instant présent.

Avoir conscience de certaines limites est une chose essentielle afin de les dépasser sans créer un nouveau traumatisme, rupture dans ton propre parcours. L'idée est de toujours construire un pont entre ce que tu es et ce que souhaite affronter dans ton intériorité. Cette passerelle est essentielle afin d'explorer sans te faire trop de mal. Avant toute aventure, assure-toi de te sentir profondément prêt à franchir le pas. C'est en ça que prendre le temps est primordial afin de suivre pas à pas cette approche atypique de la mort. Le temps te permettra de voir, ressentir si les jalons tiennent et sont viables.

Il existe différents types de limites, je vais te présenter celles qui me semblent essentielles. Certaines sont nécessaires et d'autres nous tiennent en joute. Faire le tri est important afin de construire ce socle sécure pour la suite du parcours.

### **Différents types de limites**

Afin de suivre la logique de la triade, je vais m'appuyer sur le même adage. Pour ce faire j'identifie trois types de limites. Les limites physiques, psychiques et émotionnelles.

- **Limites psychiques :**

Les limites psychiques sont en l'occurrence les plus difficiles à poser et définir. Pour la simple raison qu'elles appartiennent à une dimension immatérielle. Ce qui entre et sort de ta tête, de ton cerveau est tout simplement insaisissables. Personne, autre que toi, ne peut avoir accès à ta pensée brute. En revanche si je te dis que chaque jour quelqu'un enfreint et manipule tes limites psychiques ? Tu vas sûrement bondir à cette idée et c'est normal.

Depuis bien longtemps nous sommes empreints à cette manipulation. La propagande d'état lors de guerre sert à quoi à ton avis ? En ce sens où, sur cette triade, le cerveau est la maison mère de tout. Insérer des croyances erronées, tronquées, limitantes, servir du prêt à penser, te forge une limite idéologique.

Depuis tout petit tu es baigné dans une mer d'informations et ton cerveau a assimilé bon nombre d'entre elles. L'école par exemple est incroyable pour uniformiser la pensée des enfants. Dès qu'un esprit quelque peu différent émerge, il est rangé, classé dans une case bien définie. L'école n'aura de cesse d'emprisonner, cloisonner et inculquer des croyances limitantes, à défaut de cultiver cette différence psychique telle une force. Je ne jette en aucun cas la pierre aux enseignants qui pour certains effectuent un travail merveilleux. Je mets simplement le doigt sur le fait que tu es le premier à avoir suivi les limites d'un jalonnement psychique.

Ramener à notre sujet, comme vu lors des premiers chapitres, la mort et ce qu'on en fait dans notre monde est une construction psychique. Définir tes limites psychiques passe dans un premier temps par savoir où tu en es de tes croyances, connaître tes systèmes de pensées, faire l'inventaire de ce qui te semble inacceptable, incongru je dirais même inaccessible. En ce sens où tes limites cognitives se trouvent, bien souvent là où se situe l'obscurité, la mort.

En d'autres termes là où il y une zone d'ombre, des peurs, des impossibilités de te projeter, de visualiser une réalité possible, parfois d'avancer vers une nouvelle réalité que tu désires, est une limite. Bien entendu c'est à toi d'explorer tes jalons. N'oublie pas que de toute façon, la vie est faite de mouvement, si tu ne fais pas la démarche toi-même la vie viendra te propulser dans cette mer obscure et sombre, de grès ou de force. Pour ma part, je préfère choisir mon chaos, les zones d'ombre que je souhaite explorer. À mon sens, ça permet d'adoucir la violence de l'évènement. En revanche, choisir son chaos n'enlèvera jamais la peine, la souffrance ressentie par moment. Je préfère te prévenir que dire « *je ne souffrirai pas, je ne suis que joie, la peine chez moi n'existe pas.* », est un leurre. Pourquoi ? Simplement parce que le plaisir de ressentir la chaleur d'un feu de bois après avoir vécu une période de grand froid est tout simplement inégalable. Ne ressentir aucune tristesse et uniquement de la joie à tout évènement de la vie est un fantasme de la nouvelle génération des thérapeutes 2.0. Même pire, ce serait symptomatique de dissociation émotive.

J'ai souvent parlé des limites psychiques intérieures, pour autant, tu te demandes sûrement « *et si le monde extérieur fait régulièrement effraction dans mes limites psychiques ?* ». Les projections du monde extérieur émanent de tes manifestations dans ton espace personnel.

Quelque part, le monde est toujours le reflet de ce que tu penses. Pour exemple, tu refuses de penser que la mort est un processus. C'est ta limite psychique. Ce que je dis, par conséquent, fera effraction dans tes croyances, dans ta perception du monde. Honnêtement il y a fort à parier que tu fermeras le livre illico presto pour te protéger, ou tu seras le premier à déverser ton opinion contraire « #hater ». Quelque part, quand le monde extérieur pénètre ton système de pensée, nous nous sentons directement en danger. La réaction face au danger est simple, tu fuis, tu te bats, ou tu adoptes une posture d'immobilisme comme vue précédemment. Ça nous donne comme résultat des longs débats à rallonge qui n'ont aucun sens, des personnes qui fuient toute leur vie, ou bien des personnes profondément apeurées immobiles face à la situation.

Alors définir ses limites psychiques, les connaître pour construire ton socle sécure est essentiel pour rendre compte de ton évolution, de ton positionnement actuel.

Cependant, il est tout à fait sein de dire non je ne souhaite pas aller dans cette direction de pensée. Cela montre à la fois la limite et le jalon psychique. C'est une chose formidable d'avoir des limites, l'inverse serait terrible. Un individu sans certaines limites devient véritablement une personne qui fait effraction dans l'ensemble des espaces. Que ce soit son propre espace et surtout l'espace personnel des autres. La construction d'un socle sécure passe par ce point d'attache de repère, savoir dire non je ne suis pas d'accord ou je refuse c'est poser des limites pour ensuite venir retravailler le sens, et l'intérêt de celle-ci afin de continuer ton évolution.

Pour t'imager cette notion de limites, je vais te partager un exemple. Étant dyslexique, fut un temps où il m'était impossible de passer par le support écrit. J'étais pétri de peur, je me pensais incapable d'écrire correctement. Je pensais que j'étais terriblement nul, que ce que je pouvais bien écrire serait profondément inutile. Après le décès de ma mère, j'étais bouleversé par ce qui jusque-là est normal.

En revanche pour dénouer mon vécu, passer par l'écrit a été d'un bienfait incroyable. J'ai pris du plaisir à écrire pour moi-même. En soi, mes limites vis-à-vis de l'écriture étaient fondées sur la peur d'être jugé, parce qu'effectivement ma calligraphie est vraiment immonde et les fautes se comptent par paquet dans chacune de mes phrases. C'est en passant par la culture de l'écriture pour moi-même que petit à petit j'ai eu le courage d'écrire cet ouvrage.

Mon désir d'écrire était devenu plus fort que mes peurs. Mes croyances psychiques vis-à-vis de l'écriture étaient fondées sur une manière de penser l'écriture sans rature. Écrire n'a nullement besoin d'être parfait, elle a seulement besoin d'être plaquée entre lignes et carreaux. Tout comme l'argot qui émane d'une culture populaire, qui désormais prend une place majeure dans la culture RAP par exemple. Je prône désormais la liberté d'écrire avec des mots remplis d'erreurs, car elle symbolise ce qu'est l'individu, et non ce que le monde voudrait qu'il soit. Pour faire un joli pied de nez, à tous les férus d'orthographe je te propose de regarder ceci, « La faute de l'orthographe de Arnaud Hoedt et Jérôme Piron TeDx Rennes ». [21]

L'erreur est humaine, ce qui importe c'est l'intention de mieux se connaître pour dépasser ses limites psychiques en toute sécurité.

- **Limites physiques :**

Définissons ensemble le spectre des limites physiques. Logiquement, des limites s'imposent par nature. Il t'est impossible de pouvoir voler, ou respirer sous l'eau. Ceci est logique, mais c'est un premier point de base. Par conséquent, définir ses limites physiques dans le cadre

---

[21] https://www.youtube.com/watch?v=5YO7Vg1ByA8&ab_channel=TEDxTalks

d'un socle sécure se déroule à mon sens en deux temps.

Premièrement, il va falloir dissocier ce qui te semble impossible de ce qui est réellement intolérable. Quand tu fais l'état des lieux de ton état physique, tu peux sûrement lister un nombre de tâches que tu as la possibilité de réaliser comme marcher, courir, manger, etc. Cette liste non exhaustive fait état de tes compétences physiques acquises par tes expériences vécues, l'apprentissage d'un sport, ou d'une pratique professionnelle, etc. Néanmoins, quand on y réfléchit, il est bien difficile de déterminer un apprentissage purement physique dans ce qui revêt la question de la mort. Pour la simple et bonne raison que ce processus ne met clairement pas au premier plan la physique du sujet. Cependant l'exploitation de la dimension physique est un vecteur de passage des étapes. Elle vient marquer la rupture de certains états. Par conséquent, il semble logique d'admettre que la limite physique dans le processus physique est énormément déterminée par ta capacité à l'action. L'action étant le résultat du passage de la pensée dans le physique.

Si je reprends, la dissociation de ce qui est, semble impossible et réellement intolérable, ce qui te semble impossible est intimement déterminé par ton ouverture aux champs des possibles, à de nouvelles expériences physiques. Les limites physiques sont alors cloisonnées par ce que tu connais ou ne connais pas. Les expériences connues détiennent un câblage neurologique qui détermine si oui ou non l'expérience est tolérable physiquement ou non. Ce qui est inconnu est par conséquent détenue par ton émotionnel qui te dit non n'y vas pas oui vas-y, ça va être une belle expérience physique. Tu en conviendras que potentiellement, la construction de ce qui te semble possible ou impossible physiquement est détenue par les informations, croyances stockées dans ton cerveau.

Ce qui nous amène à considérer ce qui est réellement intolérable. D'un point de vue objectif, le corps humain est capable d'une très grande adaptation. C'est une machine très sophistiquée. Ce que le corps peut endurer est incroyable. Par exemple, nous sommes capables de tenir des jours entiers sans manger.

Certains athlètes arrivent à des performances physiques incroyables avec de l'entraînement. Ou bien encore des personnes en situation de handicap qui font des marathons. Profondément ce qui est réellement intolérable c'est l'idée que le vécu physique puisse nous tuer. Pour sûr, tes limites physiques sont ce qu'elles sont actuellement pour autant tu peux largement les dépasser. Tout le reste est une question de conditionnement et de vécu émotionnel face à ce qui te semble ou non possible de faire une action.

En revanche, déterminer tes propres limites actuelles, connaître, savoir, ressentir sont importantes pour le cadre sécure. En ce sens, la dimension physique est un cadre d'action sécurisant et contenant. Se connaître physiquement c'est savoir à quel moment tu vas toucher ou non une limite dans ce que tu peux entreprendre à l'heure actuelle. Tu verras au moment où tu touches, ressens l'approche d'une limite physique, ton cerveau va se mettre en alerte et tout ton système cognitif de défense se mettra en route. Connaître ces limites physiques c'est lui permettre de réguler l'intensité de nos actions. Alors tente d'approcher tes peurs et voir jusqu'où tu peux tenir avant d'être submergé, tu verras c'est surprenant.

- **Limites émotionnelles :**

Les limites émotionnelles sont quant à elles déterminées par différents facteurs. Premièrement, ta propre intelligence émotionnelle en référence à l'ouvrage de *Daniel Goleman* du même nom. Oui c'est mon livre de référence en termes d'émotion. L'intelligence émotionnelle comprend dans son adage un certain nombre de subtilités, notamment ta propre capacité à connaître et reconnaître tes émotions. Cette intelligence-là est à mon sens le noyau afin de poser tes propres limites émotionnelles dans ton parcours de vie.

En ce sens où comme vu précédemment tes émotions détiennent une vérité sur ton état à l'instant. Qu'est-ce que te fait ressentir la situation ? Ce baromètre interne te donnera bon nombre d'indications.

De cette capacité, déterminée par ta propre conscience, vient se greffer un deuxième point. Ta capacité à t'écouter émotionnellement. C'est-à-dire dans les instants où tu ressens une intensité émotionnelle importante, il faut savoir dire stop. Afin de créer une barrière protectrice dans ton vécu. Tout comme les limites psychiques, l'émotion vit dans un espace immatériel.

La dimension physique est la manifestation de ton état émotionnel. Par exemple, quand tu as vécu l'état de choc, c'est bel et bien la dimension physique qui déclenche tout le système des émotions. Pour sûr, il est question-là, ici et maintenant, de construire ton propre spectre émotionnel afin de vivre les choses selon ton ressenti et non la manière dont les autres attendent que tu réagisses. Ce qui est curieux de constater, c'est cet étroit lien entre les limites émotionnelles et les deux autres dimensions évoquées, physique et psychique. Tes émotions fonctionnent comme une jauge de thermostat. Le résultat total de cette jauge est subdivisé en plusieurs autres paramètres.

Le spectre des émotions représente l'ensemble de ces paramètres. Cependant, les paramètres bougent en permanence, il est vrai. La dimension physique l'impact ainsi que la dimension psychique. En effet, parfois le simple fait de penser à une situation vient déclencher un effluve émotionnel. Par exemple lors d'une rupture amoureuse, tu ressens une profonde tristesse, une colère pour autant dans la dimension physique rien ne se passe. C'est dans la dimension psychique que se joue le film dans lequel tu ressasses le passé.

On arrive au troisième point que je souhaite aborder avec toi. En définitive, créer tes propres limites émotionnelles réside dans ta capacité à reconnaître tes propres émotions, construire un cadre de vie qui contient l'ensemble d'entre elles et qui dans le même temps les respecte. Tes limites émotionnelles sont clairement liées à ce que tu vis, ce que tu penses. Poser tes limites émotionnelles c'est savoir dire stop à une situation qui t'éprouve de trop, cependant c'est aussi savoir manier ta dimension psychique.

Tes émotions sont au cœur de ce que tu es, vivre ses émotions avec authenticité est quelque chose de merveilleux, pour autant n'oublie jamais que l'émotion est perméable à tout ce que tu traverses que ce soit psychiquement ou physiquement. La préserver c'est se garantir d'un cadre sécurisant dans ce que tu es et ce que tu vis.

Ces trois types de limites sont les différentes ceintures de sécurité que j'identifie pour ton exploration et la construction d'un socle sécure. Elle te guidera afin de ne jamais basculer dans un vécu borderline vis-à-vis de la mort.

Maintenant que ces limites sont posées, je te propose de passer à un autre versant de l'exploration. Partir dans certains passages peu ragoûtants, mais qui décèlent de véritables secrets.

## 2. **Le déni**

Le déni, comme on peut le voir sur la courbe du deuil, est une étape dans le processus. Il est partie prenante de cette dynamique de transcendance, son positionnement dans le parcours n'est pas dû au hasard. En effet, dans cette sous-partie, nous allons aborder pas à pas le déni. Qui est-il ? Quelle est sa fonction ? Comment le reconnaître ? Quels sont les bienfaits et méfaits du déni ? Comment désamorcer le déni pour passer à l'étape suivante ?

Bien entendu, le but de cette sous-partie est de t'amener à saisir l'ensemble de la dimension du déni, une phase bien souvent méconnue et chargée d'une connotation négative. Souvent imagé comme un espace où n'importe quoi se produit. Rappelons-nous que les étoiles naissent du chaos, d'une errance de la matière dans l'espace infini. C'est de cette rencontre de la matière, de ce choc provoqué, que se crée une organisation. Elle prend du temps certes, mais c'est de là que naissent les étoiles. Un passage d'un état de désorganisation à un état de création. Vous verrez, le déni possède une force incroyable, il recèle en son sein un message important. Le saisir c'est ouvrir sa conscience dans les ténèbres. Créer de l'ordre dans le désordre. Es-tu prêt pour le déni ?

## 2.1 Qui est-il ? Quelle est sa fonction ?

« *Le déni forme un écran entre la personne qui vit un choc et la réalité afin d'éviter un débordement trop intense d'émotions.* »

Le déni est une notion empruntée à la psychanalyse. Comme le décrit la citation ci-dessus, le déni est une barrière protectrice entre la réalité, le choc de l'annonce et l'émotion du sujet. Tout ceci confirme l'idée selon laquelle, il y a une dissociation entre l'émotion, le corps et le cerveau. Le déni est un rempart de la psyché. En effet, le choc est parfois tellement violent, tellement brusque, on parle bien de déni de grossesse. C'est pour dire à quel point nous sommes capables de nous protéger que cette notion vient se manifester jusque dans le corps lui-même.

La force du déni est véritablement incroyable. En aucun cas je n'incrimine les personnes ayant fait des dénis de grossesse ou qui font un déni au sens large du terme, au contraire. Je vous félicite : votre psyché est d'une puissance incroyable. Chacun est différent face au déni, certains en font des gros, d'autres des plus petits, d'autres jamais. Peu importe. Le déni est un système de défense puissant pour faire face à un surplus d'émotions débordantes. C'est un processus inconscient qui met en tension différentes dimensions de soi-même, il nous protège de nous-mêmes. En outre, il est aussi un moyen de survivre au chaos. Vous savez le chaos, l'abîme créé par l'annonce, vu au chapitre précédent. C'est en ça que soigner en conscience le vécu de l'annonce est primordial pour éviter d'enliser ce déni.

Pour autant, ce qui nous intéresse c'est comment reconnaître le déni ? En soi, on sait maintenant à quoi il sert et d'où il vient. Mais dans un état de déni à l'instant T, il est parfois difficile d'être objectif sur son ampleur, sur sa source. Étant donné que c'est une protection à une émotion débordante que je vis en temps réel, il est nécessaire de faire ce pas de recul afin de prendre conscience qu'il est là.

## 2.2 **Comment le reconnaître ?**

### a. **Le refus :**

Refuser, c'est mettre à distance quelque chose qui nous déplaît, le refus se manifeste dans le conscient de manière simple. Je refuse par exemple d'aller manger chez ma belle-mère. « *Elle m'agace, parle toujours de la même chose, elle déteste ma présence, en plus son chien est hideux et bave partout.* » etc. Le refus est simple, il est là pour dire NON.

Dans le déni, le refus est l'une des manières dont il se manifeste. Quand, par exemple lors de soirées avec des amis, il m'est souvent arrivé qu'on me pose la question : « *Est-ce que ça va ? Après ce que tu viens de vivre, ça ne doit pas être évident…* » Je répondais automatiquement, « *oui oui ça va, ne t'inquiète pas, je gère, de toute façon pas le choix, il faut que ça aille, en plus j'ai pas mal de travail.* » Et que je dérivais sur une autre discussion…

Bonne nouvelle ! C'était clairement un déni. Pourquoi je dis ça ? Déjà si le cercle amical se questionne sur ton état, c'est qu'ils ont potentiellement perçu que quelque chose n'allait pas chez toi. Sinon il aurait sûrement dit « *Wouah tu as vraiment une bonne mine tu es parti en vacances ou quoi ?* ». C'est simple comme bonjour, bien souvent notre entourage proche détecte des signaux de notre état. Je dirais même que ce sont les premiers à s'en rendre compte. De plus, répondre à une question sur un état d'être par une réponse sur un état de faire, c'est détourner le sujet principal. C'est bien joué, mais ça sent le déni.

Cet exemple est une manière d'imager un refus potentiel. Le refus de parler d'un sujet, d'admettre un état d'être qui repose uniquement sur de la constatation et non sur du jugement. Attention, à l'entourage qui émet un jugement de valeur sur un état. Le but du point de vue extérieur est de donner une nouvelle perspective, d'amener une piste de réflexion pour prendre du recul. Refuser des propositions venant de l'extérieur sur une situation personnelle est une belle sonnette d'alarme. Bien entendu, libre à toi d'y prêter attention ou non, tout dépendra de ta sensibilité, de ta conscience. De plus, certains seront capables de dire non, je ne souhaite pas en parler. Note bien ceci, si tu es capable de dire que je ne souhaite pas en parler c'est que tu es à la frontière de conscientisé qu'effectivement ce sujet est douloureux, compliqué, gênant. Dans ce cas c'est génial. Félicite-toi, tu as mis le doigt sur quelque chose.

### b. L'incompréhension

Ne pas comprendre résulte de différents facteurs, souvent concomitants avec le refus. Le refus et l'incompréhension gravitent ensemble. On peut même parfois se demander qui est arrivé en premier, comme l'histoire de la poule et de l'œuf. Je suis dans l'incompréhension, parce que je refuse d'entrer dans la compréhension, ou bien je suis dans le refus alors de l'incompréhension se manifeste ? Bonne question, l'incompréhension est à multiples facteurs, un facteur environnemental, un facteur relationnel, un facteur interne, un facteur externe...

Clairement, si on replace l'incompréhension dans le champ du déni, c'est clairement lié au fait que le déni est un système de défense, rappelons-le. Se protéger par l'incompréhension est alors une stratégie idéale pour refuser de voir, d'entendre, d'admettre. Si je fais face à de nombreuses incompréhensions, c'est que le canal de communication n'est pas adapté. Les mots sont violents, trop violents. Alors sois à l'écoute et tolérant avec toi-même. Je vais prendre un exemple pour imager l'incompréhension dans le déni.

J'étais en fin de scolarité d'éducateur spécialisé, les exigences en termes d'écrit devenaient de plus en plus importantes. Rapport de stage, mémoire de fin d'études, dissertation, etc. Différentes tâches autour de la production d'écrits m'étaient demandées. Cependant, je suis dyslexique, ma réalité vis-à-vis de l'écriture est chaotique, je fais beaucoup de fautes, je suis lent pour produire quelque chose de correct. Besoin de relectures importantes, de structuration des idées afin de produire un rendu clair et précis. Je me suis heurté au fait que j'avais besoin d'aide sinon j'allais saborder l'ensemble de mes études. Avant de me heurter à cette réalité je déniais reconnaître avoir besoin d'aide, d'adaptation vis-à-vis de mon handicap, je ne comprenais pas moi-même que ce handicap pouvait me faire rater mon diplôme.

L'incompréhension de cette réalité était due au fait que je faisais un déni de mon handicap. De plus, je refusais d'en parler, je déviais systématiquement le sujet en disant : je sais comment m'en sortir, ne vous en faites pas. Le choc de l'annonce du handicap avait laissé place au déni, manifesté par l'incompréhension du besoin et le refus de recevoir de l'aide.

Encore une fois, l'incompréhension est un signal d'alerte, la manifestation qu'un déni est potentiellement en place. Elle peut te permettre de reconnaître ton état d'être. Aucun besoin de juger l'incompréhension, elle est un système de défense.

### c. Les comportements autodestructeurs

De manière générale, notre corps est programmé pour une autodestruction. Nous ne sommes pas éternels et toute la technologie actuelle n'est pas parvenue à repousser les limites du vivant. Par conséquent, nous sommes de manière très pragmatique voués à la mort physique.

Cependant, les comportements autodestructeurs, ceux qui poussent notre corps physique vers une déchéance anticipée, sont des signaux d'alarme du déni. Ces comportements se manifestent de manières diverses. Quand je parle de comportement autodestructeur, je parle par exemple de consommation excessive de quelque chose. Même la consommation excessive de sport est un comportement autodestructeur. Pourquoi ? Car physiologiquement, arrivé à un certain stade, tu ne pratiques plus l'activité dans le seul but d'un bien être. Lors de la pratique sportive, notre corps sécrète de la dopamine, une puissante hormone qui crée une dépendance. Tu deviens alors drogué au sport. C'est sûrement la plus saine de toutes les addictions qui soit. Pour autant, cette addiction à la dopamine amène à faire toujours plus pour ressentir cet effet relaxant, enivrant après une séance de sport, repoussant toujours plus loin les limites. De plus, l'effet traumatique de certaines pratiques sportives n'est plus à prouver, demande à un boxeur pro son état physique une fois qu'il ne monte plus sur le ring. Demande à un athlète de haut niveau l'impact qu'a eu le sport à haute fréquence et intensité ?

Alors oui, tout type de comportement avec une trop grande consommation d'activités (soirée avec tout type de produits ou non, travail, sport, téléphone, etc.) est un signal d'alerte sur un potentiel déni. Une activité pratiquée dans l'excès contribue à construire la barrière entre l'émotion, le cerveau et le corps. Cela s'inscrit parfaitement dans le processus du déni et ce sont des comportements autodestructeurs. Bien sûr, certains comportements sont plus ou moins néfastes, quelqu'un qui consomme de la cocaïne, boit de l'alcool, fume trois paquets de cigarettes par jour n'aura pas la même hygiène que quelqu'un qui pratique 3h de sport par jour. Pour autant, ce sont des comportements autodestructeurs.

De manière générale, les comportements autodestructeurs se manifestent par une attention autocentrée, compulsive sur un objet. L'objet étant l'activité, manifestant le comportement. Pour sûr, je ne porte aucun jugement sur ces comportements, ils sont des signaux d'alarme. Le but étant de te donner les clefs de ton propre véhicule qu'est ton corps, ton cerveau et tes émotions. Écoute-toi dans ta globalité afin de te situer dans le déni, il n'y a pas de vérité absolue sur la manifestation du déni. Chacun adoptera des stratégies plus ou moins différentes, prends le temps de trouver et d'identifier tes comportements, tes actions, tes refus, tes incompréhensions.

Néanmoins, je viens d'effleurer du doigt un sujet, celui des bienfaits et méfaits du déni. J'ai évoqué les points de vigilance pour reconnaître le déni, pour autant si sa présence est de mise, qu'elle est ainsi manifestée c'est qu'une énergie créatrice et destructrice est enformée. Alors il va de soi de venir révéler ce bijou qu'est le déni afin d'en exploiter toute sa potentialité.

## 2.3    Quels sont les méfaits et bienfaits du déni ?

Toute chose possède deux forces, les deux réunies formant la totalité. Le déni est une clef dans le processus de la mort, faire son meilleur déni est une expérience incroyable, je vous assure c'est vraiment quelque chose. Comme dit précédemment, c'est un processus de défense psychique inconscient, pour cloisonner l'émotion du choc et en faire quelque chose d'acceptable pour le cerveau. Dans cette sous-partie, le but est de mettre en lumière les deux versants de la force du déni. Prendre conscience de sa totalité c'est mettre en lumière ce qui jusqu'alors était inconscient. C'est un pas dans le cheminement du processus de la mort.

Pour aborder cette force, je vais l'aborder sous l'angle de l'espace-temps. L'espace-temps, pour le définir de manière simple, c'est le temps nécessaire dans la matière pour vérifier physiquement une évolution, un changement. Une fois le choc vécu, la barrière psychique s'est construite. Sur du court terme à moyen terme (je te laisse définir ton propre court terme et moyen terme, pour certains le court terme sera quelques mois pour d'autres, quelques jours, etc.). Le déni révèle tous ses bienfaits. Il protège véritablement de l'émotion, lorsque l'on est vulnérable, sensible, à fleur de peau. Il est rassurant et permet de reprendre un cours de vie « normal ». Je mets normal entre guillemets, car la normalité est un vaste débat.

Cela dit, dans le mot normal j'insère l'idée que nous tâchons de reprendre un cours de vie qui se rapproche au maximum de la situation initiale, avant que le choc de l'annonce ne survienne. En d'autres termes, l'annonce étant le point 0, nous essayons de retrouver une vie similaire au temps -1.

Le déni est alors vécu comme quelque chose de rassurant, on possède soudainement le sentiment d'être moins vulnérable, un regain d'énergie incroyable pour investir à nouveau avec le corps l'espace quotidien. Le déni permet d'aller de l'avant, de rentrer dans l'action sans se soucier des conséquences, il permet de construire une réalité suffisamment cohérente pour avancer. Ce sont véritablement des bienfaits incroyables. Parfois il peut arriver qu'un individu soit traversé par l'idée, *« je n'ai qu'une vie, alors je fonce, je ne regarde pas en arrière »*. C'est vrai, autant vivre à fond les choses, nous avons déjà tout perdu ! Ce précepte est plutôt intéressant, mais vous allez voir les risques du « *One life* ». Il peut vite faire basculer dans les méfaits du déni…

Sur le court terme, le déni est efficace, c'est vrai. Merci à lui d'exister pour nous défendre et nous protéger. Mais comme tout système de défense à une situation d'urgence, il finit par s'effriter. C'est là que rentrent en jeu les méfaits du déni. Dans cette situation, l'émotion est tel un océan agité qui fait des va-et-vient incessants sur la paroi du dénie. De plus, dans le processus inconscient, le cerveau essaie de raccrocher les wagons en créant une réalité basée sur un vécu ancré à -1. Les calculs ne sont pas bons ! Des brèches sont apparentes, ou du moins se forment peu à peu. Des incohérences se créent entre le vécu du corps, le cerveau qui tente d'endiguer les vagues déchaînées de l'émotion. Par chance ou par malchance, à toi de te positionner sur l'idée que je vais aborder.

Notre société occidentale manque cruellement de savoir sur la reconnaissance des émotions. Nous ne sommes pas réellement éduqués à reconnaître nos émotions. Les représentations sociales étant façonnées par de nombreux clichés comme pleurer c'est pour les filles, ou être triste c'est être faible. Par conséquent, du haut de ta muraille, tu perçois ce que tu as reconstruit, c'est bien, c'est beau. Mais les méfaits du déni sont une perception étriquée de la réalité, à long terme tu peux en devenir arrogant, avec un sentiment de toute-puissance, les autres ne comprennent rien. Une volonté d'avoir toujours plus, plus loin, plus haut, dans une forme de frénésie, une recherche d'intensité pour se sentir vivre et puissant. Les proches le voient, mais tu refuses une quelconque aide. Pourquoi être aidé ? Tout va bien (en apparence) ! C'est là que survient bien souvent l'incompréhension, le refus d'aide, les comportements autodestructeurs.

En outre, les bienfaits du déni sont de pouvoir créer au-delà du traumatisme, d'assurer une survie de l'être. Les méfaits sont l'ensemble des comportements excessifs liés à cet élan de vie engendrés par le cloisonnement de l'émotion. Quelque part, le déni vient anesthésier un certain temps les émotions. Les conséquences c'est qu'on peut construire toute une vie avec une partie de nous-mêmes en sommeil. Pour autant, c'est une vie dans le déni de la totalité de qui tu es. C'est puissant comme processus, n'est-ce-pas ? Si tu as suivi le chemin, tu te demandes sûrement comment désamorcer ce processus ? Parce qu'effectivement une vie dans le déni, c'est comme rouler à 200 km/h, ça va vite, ça va fort, pour autant le crash mortel est imminent à chaque seconde.

## 2.4    Comment désamorcer le déni et poursuivre le processus ?

Honnêtement, je vais être net sur comment désamorcer le déni. À mon humble expérience et à mon humble avis, je crois que la majorité de la population a besoin d'une seule chose : se crasher, prendre un tsunami d'émotions, le fameux retour du bâton. La conscience individuelle et collective de notre civilisation réagit la plupart du temps qu'en cas d'extrême urgence. Prenons l'exemple de l'état de notre planète, c'est clairement désastreux. Nous détruisons notre propre habitat : les cataclysmes, cyclones, feux de forêt, la pollution en sont le témoin. Ces phénomènes se multiplient à vitesse grand V et c'est une réalité. Nous faisons le plus grand déni de notre propre existence. Le choc de l'annonce, d'où vient-il ? Le jour où on nous a annoncé que nous étions nés pour mourir, sans considérer la mort comme étant la meilleure des expériences transcendantales.

Sans mort, la vie est impossible, c'est physique, biologique, mathématique. Pour les sceptiques, plongez vos nez dans la physique quantique de *Nassim Haramein* [22] et vous serez surpris de vos découvertes. Nous sommes sous le choc face à la mort, face à notre propre mort, alors nous ne pouvons qu'être dans le déni de cette réalité, nos consciences ne sont pas prêtes à entrer dans un autre paradigme. L'être humain n'agit et ne réagit que quand ça pue vraiment pour sa propre survie. Sans cas de force majeure, l'être humain continue sa petite vie sans ouvrir les yeux, sur la réalité qu'il vit, qu'il crée, nous vivons à 95% dans l'inconscient. Demande à un professionnel dans le domaine de la psychologie, tu verras ce qu'il en pense. Pour sûr, nous

---

[22] Célèbre physicien moderne qui propose une vision unifié des sciences.

sommes au XXIe siècle et nous utilisons encore certains concepts datant de 1920, que *Freud* me pardonne pour cet affront. Près d'un siècle de décalage. Imaginez vivre avec des technologies datant de 1920, rangez vos fusées, vos téléphones, vos ordinateurs…

Cependant, il existe tout de même des manières de désamorcer le déni, sans passer par le crash. Des manières plus douces que l'effondrement. Prendre conscience de son propre état. Rompre sciemment la barrière que forme le déni. Cette barrière se forme entre l'émotion, le corps et le cerveau. Pour ça, il faut être en accord pour ouvrir les vannes du barrage et laisser l'émotion reprendre sa place. Pour exécuter une rupture sciemment, il faut poser des actes, avec le cerveau et le corps réunis. Pour ce faire, de multiples méthodes sont possibles :

- Consulter un professionnel en psychologie (psychologue, psychothérapeute, psychiatre)
- Pratiquer une activité qui favorise l'ouverture de la conscience et la libération de l'émotion (méditation, lecture sur des thèmes qui vous intéressent, tenir un cahier quotidien d'écriture, la peinture, la sophrologie, l'hypnose, etc.)

Il existe des centaines de supports, de pratiques afin de travailler sur l'éveil de sa conscience, sur l'écoute, la compréhension de ses propres émotions. En tout état de cause, garde en tête que oui ça sera sûrement douloureux d'ouvrir les vannes de tes propres émotions, il y aura un flot qui détruira sûrement une partie des stratégies que tu auras préalablement construites. N'oublie pas, tout va bien se passer, nous sommes au début du processus, d'autres étapes sont à venir.

*« S'ouvrir à sa propre émotion, c'est laisser place à sa totalité. Pour prendre place, faut-il encore qu'il y ait de la*

*place. Quel désastre si dans mon monde tout est cadré comme un automate. L'émotion n'a ni frontière ni limite alors elle s'infiltre dans le moindre espace. Une infiltration témoigne que rien n'est à l'abri, l'émotion est une source qu'il est impossible de tarir. Nous sommes faits de ce bois alors autant en faire une source afin de rayonner comme il se doit.* »

## 3. <u>La colère</u>

Poursuivons notre exploration, la colère est sûrement l'un des états d'être ayant le plus intégré le langage commun. De nombreuses expressions de la langue française utilisent ce terme : « *entrer dans une colère noire* », « *piquer une colère* », « *la colère est mauvaise conseillère* », « La colère nous aveugle » par exemple. Il y a aussi des expressions qui suggèrent cette entrée dans un état de colère, *« péter un câble »*, issu du langage familier, mais ayant vécu des modifications de son origine principale.

En observant de plus près l'atmosphère qui se dégage quand on prononce de telles phrases, une exaltation d'une énergie de « *destruction* », quelque chose qui émane d'une perte de contrôle, une force dans les mots. Comme je l'ai déjà évoqué, la sémantique révèle souvent de nombreux mystères sur le sens des mots. Les mots sont des vibrations plaquées entre ligne et carreau, le sens émane de l'ordre. T'es-tu déjà concentré uniquement sur ce que provoque la prononciation d'un mot dans ton corps ? Le mot « *colère* » induit une crispation, comme une boule de feu qui brûle au fond de ton être. D'ailleurs, combien de personnes ont déjà prononcé des paroles, sous le coup de la colère ? Beaucoup, je pense, par ailleurs bien souvent ce qui est dit sous le coup de la colère dépasse la pensée, la colère blesse, fait mal, peut aller jusqu'à la destruction.

Alors, comprendre la colère est ce que nous allons tâcher de faire. Qui est-elle ? Quelle est sa fonction ? Comment reconnaître la colère ? Au-delà de ses homologues, qui peut induire la colère ? Quels sont les méfaits de la colère et ses bienfaits ? Parce que oui la colère est destructrice, elle peut amener un individu à faire des choses invraisemblables, pour autant elle possède une force créatrice. Enfin, comment désamorcer cette colère pour continuer le processus ?

## 3.1 Qui est-elle ? Quelle est sa fonction ?

Pour reprendre l'idée évoquée dans l'introduction de cette sous-partie, la colère possède un sens, une sémantique, une définition. Nous allons lever le voile sur son identité, le dictionnaire *Larousse* définit la colère de cette manière « *1. État affectif violent et passager, résultant du sentiment d'une agression, d'un désagrément, traduisant d'un vif mécontentement et accompagné de réaction brutale. Synonymes : Courroux - Emportement – fureur – irritation – rage – Rogne 2. Manifestation de cet état, accès d'irritation.* ». [23]

La colère possède donc en son sein un champ lexical, autour de connotations plutôt négatives sur le dépassement de certaines protections internes, qui amène une destruction. Tel un volcan qui rentre en éruption et projette de manière temporaire un excès interne d'émotion. La colère est par définition une émotion. Remarque que, dans le processus du deuil, nous passons du déni qui est un concept psychanalytique, à la colère qui est une émotion. Pour sûr, dans la sous-partie précédente, je te parlais de libérer la muraille du déni, qui cloisonne l'émotion trop importante. La colère est par conséquent l'émotion qui survient après une libération de l'émotion. Un passage significatif d'un état inconscient à conscient. Faut-il encore avoir conscience de sa colère. Tu te demandes sûrement pourquoi la colère vient à ce moment-là ? Quelle est sa fonction, son sens ?

Après de multiples recherches sur la colère et l'ayant moi-même vécu à de nombreuses reprises, je suis tombé sur un article sur *Cairn* de *Salomon Nasielski*

---

[23] https://www.larousse.fr/dictionnaires/francais/col%C3%A8re/17100

avec pour thématique : « *Le bon usage de la colère* ».
[24]. Si tu souhaites approfondir le sujet d'un point de vue théorique, cet article est une très bonne source. La théorie psychanalytique classique distingue des sources internes et externes (réactionnelles) à la colère. « *Il s'agit de la pulsion de mort. C'est l'agressivité naturelle, qui sous-tend nos comportements de lutte pour la vie* ». Cette fonction de la colère nous intéresse particulièrement, en effet nous sommes bien dans le processus de la mort, aborder la pulsion de mort est un vecteur intéressant pour comprendre sa fonction. À défaut, l'auteur identifie deux sources de colères, interne et externe. Leur fondement restant le même, la pulsion de mort, leur manifestation et leur fonction sont par conséquent différentes.

Les manifestations internes de la colère ont une fonction libératrice du processus de la mort. Pour imager cette idée, je vais prendre un exemple. Lors d'un ressenti interne de colère, je vais ressentir une profonde envie de réduire en cendre certaines parties de mon être. Je suis en colère contre mon état actuel, je déteste ma situation, je suis en colère contre mes réactions contre ma manière d'agir, etc.

La colère externe, quant à elle, a une fonction également de libération du processus, et possède une fonction de signification sociale. Par exemple, quand je signifie à l'autre que je suis énervé, j'exerce à ce moment précis une manière de communiquer sur mon état intérieur. Elle a pour fonction de délimiter la signification d'un propos qui pourrait aller au-delà de certaines pensées, sous le coup de la colère. Quand quelqu'un me met en colère c'est que ses propos touchent une corde sensible, elle touche à l'émotion. L'extérieur aurait

---

[24] https://www.cairn.info/revue-actualites-en-analyse-transactionnelle-2009-4-page-1.htm

quelque part la fonction d'attiser ma colère intérieure. La colère externe, ce sont des stimuli sur mon état émotionnel interne. Les deux colères (interne et externe) ont pour fonction de mettre en mouvement ce feu intérieur de destruction, de pulsion de mort.

La colère, qu'elle soit interne ou externe, a pour but de signifier un mécontentement que quelque chose nous déplaît, nous irrite, nous fait monter en pression. Ce qui est tout de même curieux c'est ce changement entre un déni, qui est un processus inconscient refoulé, et la colère qui vient carrément signifier à l'autre l'état émotion. Un passage d'une émotion cachée, cloisonnée à une émotion nommée et projetée dans le monde concret.

De plus, il est intéressant de constater que la fonction de la colère est bien souvent méconnue, que l'utilisation du mot colère s'est noyée dans le langage commun et que l'appréhension de cette émotion est refoulée de la scène publique. Une personne colérique sera socialement catégorisée comme étant une personne impulsive et perdra du crédit sur le long terme. Pourtant, force est de constater que la colère est bien souvent mal identifiée, entremêlée à un trait de personnalité, ce qui, dans le propos, nous amène directement aux moyens de reconnaître cette colère ?

Cette colère, manifestée au sein du processus de mort, fait jaillir de l'être une facette de son état psychique, de son état intérieur et de sa projection, de l'émotion parfois destructrice pour soi et pour les autres.

## 3.2    **Comment reconnaître ta colère ?**

La colère se présente de manière interne et externe comme vue précédemment, il va de soi que nous allons aborder cette double colère intérieure et extérieure. Au sein du processus de la mort, nous sommes au stade où l'émotion commence à rejaillir, sous la forme d'un feu ardent, quelque peu destructeur. Pour autant, je vais prendre l'exemple de la grenouille et de l'eau bouillante. Cette petite histoire nous permettra de mettre en scène comment reconnaître la colère.

C'est l'histoire d'une petite grenouille, elle se trouvait dans une eau à température idéale pour son épanouissement. Elle coassait à longueur de journée, elle vivait une vie paisible. Puis arriva un jour, où la température de l'eau se mit à grimper de 2 degrés par jour. La grenouille restait là sans bouger, ses coassements devenaient de plus en plus faibles, de moins en moins fréquents, la chaleur de l'eau la rendait moins active, son état naturel ne lui convenait plus. Pourtant, cette petite grenouille restait dans ce point d'eau. Les jours passaient et la petite grenouille commençait à cuire petit à petit de l'intérieur, ne se rendant pas compte que l'eau dans laquelle elle se trouvait devenait nocive pour elle. Un jour, une de ses consœurs, qui passait par là, voulut la rejoindre. Afin de passer un petit moment ensemble, pour discuter des mouches et des moustiques, de son cousin le crapaud, qui venait de mettre au monde des têtards. Parler de la pluie et du beau temps quoi !

Elle s'approcha de l'eau, mit une de ses petites pattes dans le liquide. Et là, elle bondit en arrière ! Elle s'écria : « *Cette eau est bouillante, si je plonge là-dedans, je vais cuire, je vais mourir, tu es complètement inconsciente de rester ici !* » La grenouille qui se trouvait dans l'eau

s'écria « *si tu n'es pas contente, tu n'as qu'à partir, tu viens me voir pour me dire que je suis inconsciente, ça me met en colère ! En plus, je suis là depuis des mois, je n'ai jamais eu aucun problème, et toi tu viens à peine d'arriver et tu oses me dire que cette eau est bouillante. Moi je la trouve à mon goût !* »
Pour la fin de l'histoire, je vous laisse l'imaginer tout seul, vous avez le choix de la fin, c'est plutôt cool non ?

J'ai choisi cette petite allégorie afin d'imager les différents vecteurs, que la colère met en œuvre. Je vais en identifier trois pour vous mettre sur la piste de cette colère.

### a. L'inertie :

L'inertie est l'incapacité à pouvoir changer d'état. C'est rester figé dans une situation qui est néfaste. Pour reprendre l'histoire racontée, la petite grenouille est incapable de sortir de cette eau qui devient bouillante, pourtant son état physique se dégrade. Elle est intérieurement en train de cuire, de ressentir une situation désagréable intérieurement.
Tu sais, souvent, le ressenti de colère développe une énergie incroyable à se débattre à s'insurger envers et contre tout. Pour autant, l'inertie est visible, palpable, une impossibilité à changer d'état, de situation. Pourtant tout laisse à croire que la situation est réellement néfaste pour soi. L'inertie, liée à la colère du deuil, est un des signaux d'alarme qui peut vous alerter sur une situation devenue invivable, insupportable. Se sentir tourmenté d'un feu intérieur, destructeur et pour autant rester bloqué dans cette situation, dans une inertie. C'est que la colère est présente. L'inertie revêt une dimension intérieure de la colère.

### b. La révolte

Puis dans la petite histoire, un antagoniste vient à la rencontre de la petite grenouille. Cette autre grenouille est extérieure à la situation. Comme si un proche venait à toi dans la situation dans laquelle tu te trouves. Cette personne extérieure veut prendre place, mais l'eau est bouillante, néfaste. Elle partage son constat que l'eau est toxique pour elle-même, et en plus cette toxicité va la mener à la mort.
La réaction est la révolte. Le facteur externe donnant son avis et son point de vue, appuie sur le bouton intérieur, qui active la colère. La petite grenouille se révolte face à sa consœur. L'interaction externe mobilise cette colère, cet état d'inertie et provoque une révolte. Remettons-le dans un contexte un peu plus concret. Si un ami vient te signifier que la situation que tu traverses est néfaste, que tu es dans un mauvais mood, est-ce que tu acceptes cette vision de manière paisible ? Ou une colère, une révolte intérieure sonne ? Je vois la révolte comme une révolution intérieure. S'offusquer pour un oui pour un non, tout est prétexte pour un conflit. Le sentiment d'être attaqué, violenté dans le constat extérieur. Ça réveille tellement de choses que se révolter face à l'autre est une manière de libérer la colère intérieure. Le sentiment de révolte, de partir en croisade contre la parole extérieure qui me fait violence, est un signe que la colère est présente. Elle mobilise des sentiments qui laissent voir qu'effectivement il y a une forme d'intolérance à ce qui se passe à l'intérieur. Et que l'extérieur est irritant, révoltant de manière profondément. Alors qu'en soi, l'autre n'a pas forcément tort.

### c. Argumentation :

Un autre point que je vais aborder est celui de l'argumentation. Plus précisément l'argumentation déployée, qui est un des signes de la colère. Combien de personnes ont déjà entendu dire : *« Je suis comme ça ! Quand je suis en colère, je suis en colère ! »*. Cette réalité où la colère devient un argument pour justifier d'un comportement. Ce moment où tu es en croisade pour argumenter, justifier tout ce qui se rapproche de près ou de loin à une attaque. Quand tu es en colère intérieure, tu as l'impression que l'autre me pique au fer rouge, tu te sens obligé d'argumenter tous tes faits et gestes pour donner une explication cohérente à ce qui se passe. Ce qui est dingue, c'est que la puissance de l'argumentation est sans limite, une personne peut trouver tous les arguments possibles pour justifier son état d'être, sa réaction, sa manière d'agir, etc. Quelque part, si tu argumentes sur quelque chose, c'est que tu te vois dans l'obligation de te défendre face à quelque chose, c'est une question de survie. L'argumentation crée un climat de dualité entre le toi conscient et inconscient, entre le monde extérieur et toi-même. Pour reprendre l'histoire de la petite grenouille, elle justifie clairement qu'elle est là depuis des mois et qu'il n'y a jamais eu de souci, alors qu'elle est dans une eau bouillante et elle ne s'en rend pas compte.

Bien souvent, ces trois points sont entremêlés et se succèdent, tels des dominos qui s'écroulent. L'un entraînant l'autre par effet de chute. Pour sûr, l'inertie, la révolte et l'argumentation sont des points intéressants afin de reconnaître la colère. Ramener à notre processus, la colère dans le deuil est le moment où tu es en colère contre toi-même, *« j'aurais pu faire plus pour cette situation, je regrette de ne pas avoir agi, j'ai honte de moi »*. Mais également contre le monde entier,

« Les gens sont tous des abrutis, le système est pourri, mon meilleur ami ne me comprend même pas », etc. Cet état de colère est d'une puissance véritablement capable de nous fourvoyer de ce qu'on est réellement. L'autre étant le meilleur coupable pour justifier ce profond sentiment flamboyant. Telle une boule de feu qui se consume de l'intérieur.

## 3.3 Quels sont les méfaits et bienfaits de la colère ?

« *Rester en colère, c'est comme saisir un charbon ardent avec l'intention de le jeter sur quelqu'un ; c'est vous qui vous brûlez.* » Bouddha

La colère est une émotion aux couleurs vives et flamboyantes, qu'est-ce qui se cache derrière cette puissante émotion ?

En suivant le chemin de la colère, on y trouve ce feu qui brûle, qui fait mal, qui détruit, qui nous détruit, une force incontournable dans le monde d'aujourd'hui. Chaque jour dans les embouteillages, je vois et perçois de nombreux hommes et femmes pétris de colère dans leur véhicule. Face à la réalité d'une routine, l'autre se présente comme l'agresseur, le fautif, le connard qui a coupé la route. C'est marrant d'observer tout ce de défoulement d'énergie.

En outre, la colère possède de nombreux méfaits que beaucoup connaissent déjà. L'agressivité envers autrui, qui se traduit par une agressivité envers soi-même finalement. Parce que oui, quand j'agresse l'autre je m'agresse moi. Je fais effraction dans mon émotion pour la projeter à la figure de l'autre. Je le trouve trop ceci, ou pas assez cela, il a dit ceci et n'a pas pris en considération cela... C'est marrant comment on fustige d'agressivité l'autre quand on est en colère, on le porte responsable de notre état intérieur. C'est un méfait incroyable que l'agressivité profère à l'autre. De quel droit l'autre mérite de recevoir cette colère, cette agressivité ? Selon le droit que je me suis autorisé, enfin disons que je me suis autorisé à communiquer de cette manière-là. Quelque part, on dit souvent que la meilleure défense c'est l'attaque. Pourtant, il est évident qu'aucune communication n'est véritablement possible avec une personne emprisonnée dans sa colère. C'est comme jeter de l'huile sur un feu. De plus, la colère amène une impulsivité sans nom.

Combien sous le coup de la colère se sont retrouvés à s'en prendre à des objets, des êtres humains, combien de gifles ont atterri sur la joue d'un enfant, car le parent était en colère ?

Cette émanation d'impulsivité conduit tout droit à une forme de violence. La violence, parlons-en. Que serait la violence, sans l'agressivité ? Cet état latent d'hypervigilance face à une potentielle menace extérieure, justifié par la colère, l'état dans lequel je suis intérieurement. L'extérieur commettant une erreur, faisant effraction dans mon émotion déjà embrasé par les flammes de ma honte, ma culpabilité, mes peurs, mes angoisses… La violence n'aurait aucun sens, sans la colère. Le pire, c'est qu'une colère maintenue depuis trop longtemps peut laisser apparaître les prémices de la haine, pire même, de la vengeance.

La haine ou ce sentiment d'animosité, poussé à son extrême, prend sa source dans les profondeurs de la colère. Une haine viscérale est bien la preuve que la colère a pris part de la personne qu'elle brûle de l'intérieur, la personne qui la détient, tel un charbon ardent.

Les méfaits et les déviances de la colère sont nombreux. Observez le monde et l'ensemble de la colère proférée par monts et par vaux. Un feu d'artifice de violence, de haine, pour un oui ou pour un non. La colère finit par consumer son hôte et le rendre détestable, asocial.

Pourtant, j'ai parlé des bienfaits de la colère. C'est difficilement croyable après avoir évoqué les déviances et les méfaits qu'une colère peut provoquer. Reprenons le fil de notre histoire, nous avons vu que la mort est un processus qui vise à rompre avec une partie du soi avant l'annonce et l'état de choc. Quoi qu'il arrive, nous allons traverser ces étapes, le processus du deuil en est la preuve. L'annonce nous met en état de choc, le déni nous permet de faire barrière à une émotion trop intense. Les bienfaits de la colère sont, par conséquent, la libération de l'émotion mise en cage par le déni. Tu es en colère d'avoir dénigré une partie de toi et ton émotion. La colère est un passage nécessaire pour retrouver ce sentiment d'unité, pour transformer ton état d'être. Imagine, tu as un ami, tu ne lui réponds pas pendant des semaines voire des mois, puis un jour, tu réalises que tu l'avais complètement oublié et tu lui envoies un message pour reprendre contact. Tu penses que sa réaction va être laquelle ? Je te laisse deviner… L'émotion de colère vient éveiller cette pulsion de mort et réveille, par l'embrasement de l'émotion, une partie oubliée du soi. En d'autres termes, la colère a pour but de réunir cette partie de toi-même oubliée, cette retrouvaille se déroule dans une émotion d'embrasement destructeur. Cette destruction ayant pour but d'annihiler un quelconque retour arrière vers le déni, celui qui a enfermé, cloisonne tes émotions dans une petite cage dorée. C'est violent, à la hauteur de ton déni. C'est en ça que la colère à des bienfaits, permettre à l'émotion de reprendre place entre le corps et le cerveau.

Si on replace les choses dans leur contexte, nous sommes dans le chapitre qui vise à plonger dans les ténèbres. Comme un sursaut de vie, dans une chute vers les abîmes. La flamme de l'émotion se réveille, s'embrase, essaie de s'accrocher par ce feu ardent et brûlant à la moindre paroi. Le moindre contact extérieur est une souffrance pour son être en état de flamme te fait du mal. Telle une vraie torche humaine, tu sombres peu à peu dans les profondeurs, comme pour te guider dans ce qui reste à découvrir. Sois sans crainte, tout va bien se passer, la colère te consumera tant que tu alimenteras ce feu. Alors, lâche le charbon, personne ne t'oblige à le prendre. Plonge tes mains dans l'eau, la suite est une rivière.

### 3.4 Comment désamorcer la colère et poursuivre le processus ?

Désamorcer la colère peut se prendre par différents biais. La colère est un embrasement de l'émotion des suites du choc et du déni. Pour imager comment désamorcer la colère, je vais prendre le schéma du triangle du feu. Je t'expliquerai pourquoi ensuite.

Pour éteindre un feu, il existe trois méthodes différentes, l'extinction par isolement, refroidissement et étouffement. Tu te demandes sûrement le lien entre un feu de forêt et la colère. Tu te souviens du triangle entre émotion, corps et cerveau ? Et si on essayait de trouver la ressemblance évidente entre ces deux triangles ? La colère est la source d'énergie, donc par définition l'émotion est l'énergie.

Le combustible est le corps, les actions que nous faisons dans le monde extérieur. Ressasser les épisodes, évènements de sa vie, fait partie des combustibles. Chaque chose qui projette à la vie extérieure que ce soit passé, présent ou futur, est un combustible, même si c'est par la pensée. Le cerveau ne fait pas la différence entre une action passée, une action que je projette dans le futur et le présent que je vis actuellement. J'approfondirai la projection des pensées entre futur et passé dans un prochain chapitre.

Le cerveau est par déduction le comburant, c'est lui qui insuffle l'air et l'oxygène. C'est lui qui stimule ou non le feu intérieur. On dit bien à quelqu'un qui est en colère : "va faire un tour, va prendre l'air, ça ira mieux ensuite". Le cerveau a besoin d'oxygène pour fonctionner.

Notre comparaison étant établie, il ne reste plus qu'à actionner les leviers pour éteindre ce feu. L'extinction par l'étouffement, c'est comme quand on souffle sur une bougie d'anniversaire. C'est plutôt efficace quand le feu est faible, mais pour la colère dans le processus de la mort c'est un feu puissant et ardent. Honnêtement, il faut avoir un sacré coffre pour réussir à étouffer ce type de colère. Pour autant, ça peut-être une solution efficace, bien souvent dans notre société on utilise de manière régulière ce processus. Tu sais, défouler sa colère dans un sport, utiliser un espace où le corps se met en mouvement avec une intensité forte provoque chimiquement une réoxygénation du cerveau, ça apaise.

C'est une extinction de la colère par étouffement. Cette méthode est efficace, mais garde une connotation réactionnaire. En ce sens où le cerveau est l'unité centrale, l'oxygéner est important, pour autant il faudrait maintenir une hyperoxygénation pour l'étouffer de manière durable. Pour rappel, nous parlons de colère face au processus de mort, face à la réalité d'un deuil. Chaque jour qui passe renvoie un peu plus la réalité de la perte de quelque chose de quelqu'un, un moment d'égarement et des flashs réapparaissent. Alors l'émotion rejaillit. Toutefois, cette méthode par étouffement est incroyable pour s'apaiser et se faire du bien.

La deuxième méthode est celle par l'isolement. Comme évoqué tout à l'heure, le corps est le combustible. Il faut par conséquent se donner la possibilité de s'éloigner physiquement de situations qui déclenchent une colère en nous. Le voyage, aller dans de nouveaux lieux, changer de travail, de maison, d'activité quotidienne, faire de nouvelles choses, de nouvelles actions, tout cela permet cet isolement. Pour sûr, engager ces changements seuls est un excellent moyen. Pourquoi ?

Parce que se retrouver confronté à soi-même nous empêche de prendre l'autre à partie dans la colère. C'est agir sur son *empowerment*[25] (pouvoir d'agir). Ce levier qui est vraiment efficace pour désamorcer une colère. J'émets tout de même un point de vigilance sur l'isolement. L'être humain est un être vivant social. Rester cloîtré dans l'isolement n'est pas viable sur le long terme.

De plus, j'ai évoqué l'idée que penser au passé ou au futur sont également des endroits qui créent du combustible. Le soir, au moment du sommeil, c'est l'un des pires endroits où on se retrouve confronté à la pensée, futur ou passé, surtout dans un processus de mort. Nous ne pouvons plus agir afin de nous éloigner, les pensées sont là. L'insomnie guette, l'hyperactivité aussi... Avec ce levier, je conseille vivement un travail sur les pensées afin de les canaliser. J'annonce qu'il est impossible de ne plus penser, alors il faut apprendre à

---

[25] L'empowerment, ou autonomisation, est l'octroi de davantage de pouvoir à des individus ou à des groupes pour agir sur les conditions sociales, économiques, politiques ou écologiques auxquelles ils sont confrontés

canaliser la pensée. Je reviendrai sur la pensée un peu plus tard.

Enfin la troisième méthode est celle par refroidissement. Refroidir l'émotion de la colère, ça consiste en quoi ? Déjà, reconnaître cet état de colère ambiante, reconnaître ce feu qui vient du plus profond des entrailles. Ensuite, si on juxtapose les choses, ce serait y verser de l'eau. Verser de l'eau sur une émotion revient à parler de l'émotion en elle-même. La définir, parler de ce que je ressens, de cette colère qui ronge de l'intérieur, qui amène à des états évoqués précédemment.

Quand on y pense, les larmes sont le résultat de l'extinction du feu par refroidissement. De plus, quand on réfléchit à cela, un corps mouillé par de l'eau n'a que très peu de chance de prendre feu. Pour sûr, faire un barbecue avec du bois mouillé c'est impossible ou alors il faut vous armer de patience, de beaucoup d'allumettes et d'un bon paquet d'allume-feu. Faire entrer les larmes induit un changement véritable dans l'état de la colère. Elle se transforme. En quoi peut-elle bien se transformer ? Elle se transforme en tristesse. Parce qu'au final la colère renferme une autre émotion, celle de la tristesse. Une tristesse profonde vis-à-vis de la situation. C'est percutant quand on prend conscience que ce ressenti de colère est en définitive une profonde tristesse. L'émotion se transforme alors et le processus de mort prend un autre virage.

Poursuivre le processus revient à reconnaître la colère comme étant de la tristesse dissimulée. C'est dingue quand même, parler de colère et de tristesse c'est sensiblement différent. La tristesse c'est admettre et reconnaître un état différent, c'est poursuivre le processus.

Ça peut faire peur de reconnaître sa propre tristesse, c'est admettre sa propre sensibilité et vulnérabilité. Pour ma part, je trouve ça honorable de reconnaître cette émotion. Elle est tellement plus douce et véritable qu'une colère proférée à son voisin. En tout état de cause, ne t'en fais pas, tout va bien se passer, la suite du chemin réserve encore des surprises de taille.

« *Transcender la mort, c'est traverser l'ensemble de son être, aller à la rencontre de son monde pour réappréhender le monde. C'est reconsidérer ce que j'étais, ce que je suis, ce que je serai pour construire une version de moi dans l'unité et non la dualité.* »

**À retenir** :

1. **Jalon du sombre :**
S'assurer d'un socle sécure pour explorer ton intériorité et tes parts obscures nécessite d'avoir en sa possession une certaine protection psychique afin de ne pas sombrer dans un versant borderline. Explorer de nouvelles possibilités demande d'être bien armé et équipé.
Définir tes limites psychiques, physiques et émotionnelles sont important pour continuer ton chemin en toute sécurité

2. **Le déni :**
Le déni est un système de défense de ton esprit face à une situation ou l'émotion serait trop débordante. Il permet de faire un écran de protection entre ton émotion et ta psyché afin de rendre ton vécu vivable et acceptable.
Le déni peut être puissant, il permet de continuer à vivre en dépit d'une situation traumatique. Cependant, un dénie prolongé n'est pas viable sur le long terme, il finira par te faire une vie complètement déconnecter de ce que tu es profondément.

3. **La colère :**
La colère est une émotion puissante, elle se manifeste par un état d'inertie, de révolte et d'argumentation face à toute chose qui fait effraction dans ta réalité. Un état de colère prolongé fera de toi une personne impulsive et colérique. Cependant, la colère cache bien souvent une tristesse. Identifier cette tristesse te permettra de mieux comprendre ta colère

# Chapitre 4 : Apprendre à mourir

« *Nous avons tous une faculté mystérieuse au plus profond de nous : chaque organisme sait comment mourir. Que ce soit une antilope quand elle lâche prise dans la gueule du lion, ou que ce soit un être humain.* »
Rick Hanson neuropsychologue, Auteur

Cette citation est extraite du documentaire « *La mort rend la vie possible* » disponible sur *Gaia Tv*, le Netflix des sujets qui suscitent le débat. En outre, si on reprend le fil conducteur de notre épopée, nous avons traité l'annonce de la situation, le déni qu'elle amène et la colère qui en découle. À la fin du chapitre précédent, nous avons abordé la transformation de la colère en un autre état, une autre étape dans le processus de la mort. La tristesse vient se positionner à la suite de cette colère brûlante. La transmutation de la colère est réalisable par différents biais, l'étouffement, l'isolement ou le refroidissement. Pour ma part, dans mon histoire je me suis tourné vers la transmutation par refroidissement.

Pourquoi ?

Je vais vous partager un bout de mon histoire. L'été qui a suivi mon évènement choc, une petite voix dans ma tête m'a dit « *Et maintenant que tout ça est fini, tu fais quoi ?* ». Profondément j'avais besoin de repos, en réalité je ne me suis pas écouté, enfin j'ai suivi mon cœur. J'ai suivi ma compagne de l'époque dans le travail. Je me suis retrouvé à travailler en tant que directeur adjoint de colonie de vacances. Se mettre au travail de manière intense est une manière de fuir, de faire un déni.

Travailler dans le milieu de l'animation, c'est une vigilance 24h/24, 7j/7. Je suis parti à des kilomètres de ma famille, une manière de m'isoler de cette réalité macabre. Puis pour clôturer ce déni, je suis parti dans ma belle-famille de l'époque. J'ai dénié m'écouter et suivre mon intuition, mon envie première. Je me suis rassuré en me disant : « *ne t'en fais pas, ça va bien se passer, tu vas penser à autre chose, vivre d'autres expériences, ça va être cool, tu es plus fort que ce que tu le penses !* » J'ai dénié ma profonde tristesse et j'ai tenté une transmutation par l'isolement. Puis en septembre, une autre réalité s'est installée, je suis retourné vivre dans ma ville natale, Toulouse. Le lieu où le choc s'est passé.

De par ce rapprochement géographique soudain, je me suis mis à dérailler, je me sentais en colère, souvent énervé. De nombreux éléments de mon histoire ont commencé à remonter à la surface. Mon état émotionnel était devenu instable, je jonglais entre deux feux, tantôt en colère, tantôt désemparé. J'ai littéralement détruit ma relation de l'époque, fort de reproches envers l'autre, de colère projetée sur celle qui m'a accompagné dans les derniers instants de vie de ma maman. Dur à réaliser sur le moment, c'était un beau déni.

J'ai alors pris la décision de me faire aider. Je me suis toujours dit que je ne pouvais pas être heureux et épanoui dans ma relation si j'étais instable. Je projetais une telle attente sur l'autre, j'attendais que l'autre me délivre de mon propre chagrin. Honnêtement, je ne le formulais pas ainsi, mais profondément c'est ce que je cherchais. Je m'en suis rendu compte avec le recul et le temps. Alors je suis allé voir une psychologue pour entamer une psychanalyse.

Enclencher cette démarche de vouloir se faire aider est un grand pas, certes, mais je n'étais pas arrivé au bout de mes surprises. Les mois passants, les choses s'apaisaient un peu, mais profondément je me sentais peu à peu déconnecté de moi-même. J'étais en stage en Maison d'Enfants à Caractère social et je poursuivais mes études, mais quelque chose clochait. En février 2020, ma psychologue a mis le doigt sur quelque chose. Elle m'a posé cette simple question « *dis-moi quelles sont les émotions que tu ressens en ce moment ?* ». Et là, grand moment de solitude, je ne ressentais plus rien. Elle venait de mettre le doigt sur quelque chose de fort, je faisais une dépression. Pour autant, cette dame m'a fait aussi mettre le doigt sur autre chose : le fait que j'étais haut Potentiel. Cette double annonce aura un impact considérable sur la suite, je vous en dirai un peu plus par la suite.

En outre, j'ai clairement voulu accélérer mon processus de guérison par l'isolement (travail), la transmutation par étouffement était pour moi impossible, être Haut Potentiel Intellectuel ça engendre une pensée en arborescence qui prolifère à foison, telles les branches d'un arbre qui se ramifie. Les pensées étaient devenues trop importantes. Alors mon cerveau, mon corps et mon émotion ont opté pour une transmutation par refroidissement, j'ai été giflé par ma tristesse.

En reprenant le fil de mon propos, si on regarde de manière élémentaire, le feu est éteint par l'eau, c'est logique. Notre être est loin d'être un corps gras. L'eau, c'est pas mal pour éteindre ce feu, sachant que nous sommes physiologiquement constitués à 75% d'eau. La tristesse, les larmes de chagrin sont de l'eau. Dans cette chute vers les ténèbres, le déni fait obstacle à l'émotion, la colère, les ravive, la tristesse les éteint. Vous me direz quel est le lien avec apprendre à mourir ?

C'est ce que nous allons voir dans ce chapitre. En quoi la tristesse fait lien avec l'idée selon laquelle nous sommes en train d'apprendre à rompre avec une partie de soi ? Au menu, tristesse accompagnée de sa dépression marinée dans un jus de désespoir. Un plat vraiment peu ragoûtant, pourtant il est l'ouverture vers le plat de résistance avec des saveurs surprenantes, inattendues, nouvelles.

*« Entrer dans le royaume des morts c'est donner la chance à la vie de révéler sa véritable identité. »*

1.  **La tristesse :**

Comme vous l'avez sûrement constaté, j'adore les allégories et autres métaphores. Ces figures de style permettent de donner vie aux choses les plus insipides, les plus lugubres. Ce sont pour moi les épices de la vie, elles mettent de la lumière, de la couleur, de la saveur. Alors je vais commencer par une de ces figures de style.

Phénix, oiseau de feu dont la capacité est de renaître de ses cendres, sa légende me fascine. De par ses capacités et de l'énergie que dégage cet oiseau. C'est vrai que le Phénix de *Dumbledore*, dans *Harry Potter* c'est quelque chose. Ses larmes ont des propriétés exquises : soigner les plaies, guérir des empoisonnements. C'est magique.

Je vais maintenant te demander un petit effort d'imagination. Considérons que la mort n'est pas ce que tu pensais au départ, intérieurement tu possèdes une machinerie émotionnelle très subtile et puissante n'en doute jamais. Ton cerveau est un outil fabuleux et sans limite, et ton corps est un ouvrier fidèle qui peut, avec de l'entraînement, faire des tâches incroyables. Imaginons que l'allégorie du phénix est applicable à l'homme ! Au-delà de la renaissance purement physique, cette allégorie est un symbole, comme il en existe des milliers. Alors, observons cette allégorie l'espace de quelques minutes, comme un potentiel que nous avons tous.

La tristesse est une émotion qui fonde notre part d'humanité. Tout être vivant sur cette terre connaît la tristesse. C'est une émotion commune, les experts sont unanimes pour admettre cette évidence. Si profondément la tristesse est quelque chose que nous partageons, alors pourquoi nous avons tant de mal à admettre cette émotion ?

Admettre cette partie de nous-mêmes c'est renoncer. La construction de notre civilisation est enlisée par un besoin de l'ultra performance. Il faut être toujours plus productif, toujours au top de sa forme. L'émotion de tristesse est incompatible avec cette volonté du mental social. Une personne triste est perçue comme quelqu'un de faible, comme quelqu'un qui est improductif, car il ne participe pas à la réalisation du rêve commun. Celui de construire toujours plus loin, toujours plus haut. Pourtant le rêve collectif est adossé à des valeurs, quelque peu questionnantes.

Mis dans la balance, quel est le poids, la valeur de l'émotion dans notre société face au poids de la masse financière ? L'émotion n'a clairement aucune valeur financière, pour contribuer à l'expansion de ce rêve collectif, basé sur l'avidité de posséder toujours plus.

Construit sur un perpétuel manque de quelque chose, une fuite en avant pour combler un mental et une pensée qui projette toujours plus de désir. Par exemple, tu désires une voiture, tu atteins cet objectif, sur le moment tu ressens une forme de joie. Pourtant, elle se dissipe au fil du temps et rentre dans l'habitude comme quelque chose de normal. Alors je crée un nouveau désir et ainsi de suite, c'est sans fin. Admettre sa tristesse c'est renoncer le temps d'un instant à ce rêve fou de l'humanité.

Être triste c'est quelque part accepter une marginalisation. Quelqu'un de marginal, c'est une personne qui est mise à l'écart de la société, pour sûr une personne dépressive est coupée du monde de l'actif. À ça s'ajoute la construction du genre, comme le disait Simone de Beauvoir « *on ne naît pas femme : on le devient* ». C'est que, quelque part, qu'on le veuille ou non, nous nous présentons tous au monde avec cette caractéristique, soit on est homme soit on est femme.

Une projection au monde sensiblement différente, ramenée à la réalité du rêve de l'humanité, ceci crée quelque chose de déconcertant.

Vu que l'émotion est une partie de l'être, nous sommes des êtres émotionnels et la société moderne prône une avidité de possession. Où se place la reconnaissance de cet état ? La société patriarcale a remis ce pouvoir entre les mains des femmes. C'est en ça que les femmes de ce monde détiennent le plus grand pouvoir de l'humanité. Ce sont elles les gardiennes de notre monde. Elles donnent la vie, sont gardiennes de l'émotion et possèdent une créativité hors pair.

J'ai toujours été admiratif des femmes, de leur profonde créativité, de leur puissance inhérente. Cette créativité sensible, douce, juste, telle l'éclosion d'une magnifique fleur. Nous disons bien « une » fleur et « un » arbre... L'émotion d'une femme est bien plus acceptable que celle d'un homme. Pour sûr, un homme sensible sera affublé de nombreux surnoms, d'être une fillette, une femmelette, d'être une vraie gonzesse, car il est sensible. C'est dingue les raccourcis qui sont faits. Entre toi et moi, quel est le lien cohérent entre une orientation sexuelle et la sensibilité d'une personne. Comme quoi, les préjugés sont infondés et profondément incohérents et la place de l'émotion profondément dénigrée alors que nous sommes ainsi.

Pour en revenir à notre histoire de phénix et de ses larmes, la tristesse dans ce qu'elle porte admet un profond chagrin. Parlons de chagrin désormais, j'aime beaucoup observer les enfants dans ce qu'ils ont de plus pur. Les enfants dans les premiers stades de leur développement sont des viviers d'émotions incroyables.

La capacité d'un enfant à passer des rires aux larmes est sans appel. L'immaturité de leur cerveau en est la principale raison, pour autant je dirai qu'ils n'ont pas encore intégré les censures sociales vis-à-vis de leur état émotionnel. Ce qui me fascine c'est de constater qu'à l'âge de six ans l'enfant connaît un des changements majeurs dans sa construction psychique. Pour approfondir le sujet concernant le développement de l'enfant, je vous conseille de vous pencher sur les différentes œuvres de Donald Winnicott.

C'est également un âge où l'enfant rentre au cours préparatoire. La domestication sociale commence à cet âge-là. Force est de constater que l'enfant se coupe peu à peu de sa spontanéité première face à l'émotion, les interactions sociales commencent à régir sa projection au monde. Pour autant, entre six et douze ans, l'enfant possède la plus grande malléabilité cérébrale.

Regardez la vitesse à laquelle un enfant apprend quelque chose à cet âge ; que ce soit une pratique sportive, artistique, apprentissage d'une nouvelle langue. Pour avoir travaillé dans l'animation et avec des enfants, j'ai toujours trouvé symptomatique le chagrin matinal de l'enfant, quand il est déposé à l'école. Tous n'y font pas face, c'est vrai, pour autant, j'ai toujours trouvé ça questionnant.

La réalité d'un enfant est toute autre face à celle des parents, pour autant c'est réel. L'adulte ne peut faire autrement que de déposer l'enfant dans ce lieu qu'est l'école, le chagrin de l'enfant ne peut se substituer à la réalité du parent qui doit aller au travail. Les parents tentent désespérément de pallier cette réalité par une réponse tellement pragmatique, « *Tu sais maman et/ou papa doit aller au travail, on viendra te chercher ce soir, tu vas retrouver tes copains, jouer dans la cour, apprendre plein de choses avec la maîtresse.* ». C'est en ça que l'adulte est censé savoir pour l'enfant, est cruellement incapable de palier socialement un chagrin imminent. La manière dont on accueille le chagrin et les larmes de nos enfants est le témoin de notre capacité à admettre notre propre chagrin.

Pour faire le lien avec ce chagrin et la tristesse que nous avons réduit au rang de sous-émotion. Dans le processus de mort, le chagrin et la tristesse surviennent au moment de l'annonce. Ces larmes versées au-dessus d'un cercueil, face à la mort. Ce qui est surprenant c'est que nous sommes quotidiennement confrontés à la mort. Au cinéma, dans la série aux infos, etc.

Pourtant, cette mort est perçue comme du cinéma, comme fictive dans notre conscience. C'est, quand la mort nous touche de près, qu'elle devient réelle, palpable, car elle fait effraction dans notre vie. Comme si avant elle n'était pas réelle. Le déni propose un moyen de la camisoler, la colère, un moyen de s'y reconnecter, l'étape suivante serait alors de la reconnaître. Ces larmes versées sont une preuve physique que ce chagrin existe vraiment.

As-tu déjà ressenti ce sentiment de soulagement émotionnel après avoir pleuré toutes les larmes de ton corps ? Ces larmes qui octroient une place à la tristesse, au chagrin d'avoir perdu quelque chose qui t'était cher. Pour sûr un nourrisson qui pleure profondément et qui d'un coup trouve l'apaisement et s'endort comme par magie. Ce soulagement émotionnel par les pleurs est un acte de guérison. L'acte de guérison le plus pur qui soit. Admettre sa tristesse, son chagrin, lui rendre la place qu'il mérite c'est l'acte le plus guérisseur qui soit.

C'est se reconnaître émotionnellement, c'est reconnaître sa fragilité dans un monde où l'être humain se sent invincible. C'est faire un pas vers qui nous sommes véritablement. Une manière de se reconnecter à une partie cachée de nous-mêmes, ce petit enfant qui sommeille en nous et qui, soudain, réalise qu'il n'est pas si intouchable que ça. Se donner la possibilité d'être touché par ses propres émotions, c'est se réhumaniser.

Toutefois, le chagrin, la tristesse, les larmes sont comme celles du phénix. Elles ont le pouvoir de guérir. Pour autant, faut-il qu'on lui laisse véritablement cette place.

Le mental et son juge intérieur, la pensée et sa projection perpétuelle au manque sont tes meilleurs bourreaux dans l'émotion. Le conditionnement social a fait son œuvre, il manque une dernière étape pour te donner la possibilité de toucher une autre réalité que celle décrite et énoncée précédemment. Afin de construire une réalité au-delà du monde dans lequel nous vivons, qui considère la tristesse comme une faiblesse, qui déshumanise notre projection au monde, qui nous coupe de notre sensibilité, celle qui fait de nous des handicapés émotionnels.

Cette étape est celle de la dépression. Je m'attaque à un sujet sensible, il est vrai. Pour autant, si c'est sensible, c'est que nous touchons à un monde tabou, un espace où la mort est présente. Apprendre à mourir a cette vocation, t'amener à toucher du doigt la mort. Renaître comme le phénix, c'est apprendre à mourir en sécurité, dans la bienveillance et faire naître en soi une nouvelle réalité puisée dans les énergies, les plus lugubres de notre être. La dépression faisant partie à mon sens d'un rapprochement évident entre la vie et la mort.

Il est possible d'en ressortir plus vivant que vous ne l'avez jamais été. J'en suis témoin, je ne me suis jamais senti aussi vivant que depuis que j'ai traversé ma dépression et en y ayant dans le même temps implanté des graines pour l'avenir. La preuve en est que, si ce n'était pas le cas, je n'aurais jamais écrit ce livre. Au-delà des croyances limitantes que j'avais, au-delà de mon handicap qui me freinait. Car oui, nous pouvons, au cœur de la dépression, implanter de nouvelles idées qui auront tôt ou tard le pouvoir de transformer ta vie. C'est ce que nous allons voir dans la prochaine partie.

## 2. La dépression :

« La *dépression frappe au hasard : c'est une maladie, pas un état d'âme.* » Tahar BEN JELLOUN

Cette citation me semble idéale pour introduire cette partie concernant la dépression. Je vais comme à mon habitude te partager mon vécu de la dépression, imagé mon propos avec quelques exemples et surtout déconstruire ce qu'est la dépression. Touché du doigt son identité, comment ? En partant de la dépression au sens large afin de se rapprocher en douceur de sa nature, ce qu'elle a à offrir et te faire découvrir.

### 2.1. Qui es-tu dépression ?

La dépression, selon la citation vue précédemment, est quelque chose qui peut arriver à tout le monde et c'est une maladie. Je vais t'éclairer sur ces deux premiers points. Si on prend un peu de hauteur, la dépression, qu'est-ce que c'est ? « *La dépression (ou trouble dépressif) est une maladie psychique fréquente qui, par ses troubles de l'humeur, perturbe fortement la vie quotidienne. De nombreux facteurs psychologiques, biologiques et environnementaux sont en cause dans sa survenue.* [26]» Définition donnée par l'assurance maladie française.

Donc oui, la dépression est une maladie qui est fréquente. Intéressons-nous aux symptômes, *« Elle se caractérise par des perturbations de l'humeur (tristesse, perte de plaisir). L'humeur dépressive entraîne une vision pessimiste du monde et de soi-même. Elle dure plus de deux semaines et retentit de manière importante sur la vie quotidienne (pertes du sommeil, troubles de*

---

[26]

https://www.ameli.fr/assure/sante/themes/depression-troubles-depressifs/comprendre-depression *l'appétit et du désir sexuel, pertes des performances intellectuelles, isolement...) »* : définition toujours issue de la même source.

Revenons à la question de la tristesse, cette émotion réparatrice qui tout à coup se met à être un symptôme, c'est qu'il doit y avoir un dysfonctionnement dans le corps. De plus, ce qu'il est intéressant de constater, c'est que la dépression entraîne une vision pessimiste du monde. J'ajoute un autre petit passage sur la dépression, « *La dépression est le résultat de plusieurs mécanismes encore mal connus. On distingue divers facteurs favorisant sa survenue.* » Les facteurs identifiés seraient : des évènements de la vie, d'origine génétique. Donc les facteurs de la dépression seraient environnementaux et éventuellement génétiques. « *Lors de troubles dépressifs, le fonctionnement du cerveau est perturbé. Les neurotransmetteurs présentent des anomalies dans leur fabrication et leur régulation.* ».

Donc c'est une maladie qui touche tout le monde, qui amène des symptômes autour de la tristesse, de la perte de l'élan vital, du plaisir de la vie, des troubles du sommeil. Le résultat est que la perception de la vie est pessimiste, le monde qui nous entoure est insipide, on a une perte de l'estime de soi, on s'isole. C'est dû à plusieurs mécaniques méconnues, donc on arrive en dépression, personne ne sait trop comment, les facteurs de sa survenue seraient soit environnementaux soit génétiques. Il est dit ouvertement « *on ne sait pas trop d'où ça vient* ».

C'est plutôt questionnant quand même, des docteurs en neuroscience, des psychiatres, psychologues et autres personnes œuvrant dans le domaine de la recherche ne trouvent pas de réponses concrètes, sur les raisons de son apparition, sur les moyens de traiter la dépression, la seule chose dont ils sont sûrs est le résultat que produit la dépression chez l'individu, une description clinique quoi... Le résultat d'une dépression peut-être effectivement le suicide, alors oui c'est plutôt effrayant. Pour ma part, ce qui me surprend le plus, c'est le vide qu'il y a concernant les raisons de l'arrivée de la dépression et comment la traiter.

Honnêtement, j'ai un certain scepticisme face à certaines de ces informations. Ce que je dis n'est en aucun cas une vérité absolue, c'est ma vérité, mon point de vue, qui pour ma part m'a amené à traverser la dépression, tu es libre d'adhérer ou non à cette manière de voir les choses. Je vais partir sur le facteur environnemental. Un facteur environnemental est une donnée plutôt large. L'environnement d'une personne dépend de multiples facteurs, la famille, les amies, le milieu social, l'héritage culturel, etc. Comment dire que c'est comme si on jetait un caillou dans une étendue d'eau, c'est un truc quelque part par là. Une manière de donner une direction sans affirmer quoi que ce soit.

De manière générale, un grand nombre de maladies ont une origine inexplicable. Pourquoi telle personne déclenche un cancer et pas une autre ? Les scientifiques émettent des hypothèses pour tâcher de trouver des réponses, parfois approximatives. De surcroît, quelques années après, un autre scientifique démontera la théorie de l'autre afin d'en émettre une nouvelle, ainsi de suite, et ça éternellement. Comme quoi, une vérité n'est vraie qu'un court instant. Pour sûr, si on reprend les symptômes et l'état dans lequel une personne se sent quand elle est en dépression est intéressant. « *tristesse, perte de plaisir* », « *L'humeur dépressive entraîne une vision pessimiste du monde et de soi-même* ». Le processus du deuil met en avant différentes étapes, nous sommes au stade de la tristesse/ dépression.

En effet, le processus de la mort nous amène à rompre avec une partie de nous-mêmes, se confronter à la mort de quelque chose par un évènement est un facteur environnemental. Sauf que l'émotion dans notre système est quelque chose qui n'a aucune valeur sociétale, il est impossible de quantifier à quel point une personne est riche du cœur, vous me l'accorderez. L'émotion tient une place majeure dans l'évolution du processus, pourtant d'un point de vue sociétal, il est difficile de faire apparaître cette donnée-là.

Si on reprend le triangle entre corps, cerveau et émotion : le corps a une valeur marchande dans ce monde, je peux être rémunéré pour ce que je produis (footballeur, maçon, architecte, plombier, etc.). Le cerveau aussi peut être rémunéré par la société, on décerne des prix Nobel à des personnes hautement qualifiées dans leur domaine et ont fait des découvertes majeures dans leur spécificité.

Le cerveau et le corps sont liés dans cette obtention de rémunération sans cerveau, je ne peux ni produire ni faire quoi que ce soit. L'émotion quant à elle, il est impossible de la rémunérer, avez- vous déjà vu quelqu'un être payé à la hauteur de sa bonté ? On appelle ça la charité, je crois… Pourtant, si on regarde de plus près, les symptômes premiers d'une dépression sont liés à l'émotion : la tristesse. Je pose ça là : et si la dépression n'était finalement que la manifestation de la maladie de notre système ?

Un monde fondé sur la guerre, la peur, la haine de son voisin, la violence, la famine, l'avidité de l'argent, du pouvoir, une société fondée sur la mort et non la vie. Au final, le monde est déjà en dépression avant même que nous soyons dedans. Le choc de l'évènement vient raviver en nous ce qu'il y a de plus profond : l'émotion.

Quel est l'intérêt pour la société d'une personne triste, ou même plus, une personne dépressive ? Aucun intérêt, dans un état dépressif, on est clairement incapable de produire quoi que soi. Regardez les statistiques sur la consommation d'anxiolytiques, et antidépresseurs dans le monde. Avec les USA, l'Europe est championne. Ça montre clairement l'état de santé psychique de la population et du monde au sens large. Alors que nous sommes les plus grandes puissances mondiales, en termes d'économie. Oui, on est les champions pour faire de l'argent, mais s'occuper de la tristesse et de la dépression ça n'apporte que dalle.

Les manières de traiter la dépression sont également approximatives, la plupart des médecins vous prescrivent des antidépresseurs et anxiolytiques. L'industrie pharmaceutique fonctionne parce que vous êtes malade et non quand vous êtes en bonne santé. C'est dingue.

Regardons, combien de temps il aura fallu pour créer et commercialiser les vaccins de la COVID-19. Un temps record, aucun autre vaccin n'a été lancé aussi rapidement. Attention, je ne décrie pas les bienfaits potentiels de la vaccination et du vaccin en lui-même. Je mets simplement le doigt sur l'idée. Le monde agit et réagit uniquement quand il est question de morts à grande échelle. Alors si vous êtes malade, ça rapporte gros.

Pour l'anecdote, ma maman a suivi une chimiothérapie pour son cancer. Une chimiothérapie par voie orale, un médicament qu'elle devait prendre chaque jour au vu de l'avancée de la maladie. Sur un cancer de stade 3, les chances de rémission et de guérison sont quasiment nulles. Les docteurs ont tenté de faire un accompagnement projectif sur plusieurs années, histoire de lui permettre d'y croire. Pour autant, ma mère a, en parallèle, suivi un régime cétogène, et d'autre médecine alternative. Elle est restée en vie trois ans.

On ne pourra jamais déterminer exactement ce qui lui a permis de tenir aussi longtemps avec un cancer généralisé au stade 3, cependant je reste intimement convaincu que les médecines alternatives l'ont aidée. On peut ouvrir le débat sur les médecines alternatives cependant, une chose est sûre, ce genre de pratiques ne rapportent rien à l'industrie pharmaceutique.

En soi, je mets simplement le doigt sur le fait que oui la médecine permet de repousser la durée de vie c'est génial. Mais à quel prix ? Au prix de la mort. La médecine moderne traite les symptômes et non les causes périphériques. Ils traitent le corps et le cerveau et non le reste. Si prendre en compte de manière holistique, les symptômes physiques vous intéressent, je te conseille de lire « *Dis-moi où tu as mal, je te dirai pourquoi* » de Michel Odoul.

Pour ce qui est des facteurs génétiques, potentielles raisons au déclenchement d'une dépression. Ça reste encore une fois très approximatif et surtout très culpabilisant pour la personne. Imaginez, on vous dit « *Vous êtes en dépression parce que c'est génétique* ». Comment vous haïr encore plus ? Déjà que la dépression amène un énorme sentiment de rejet de soi. Là, c'est pire !

Pour ma part et c'est une intime conviction que j'avais, lors de ma dépression, j'ai refusé toute médication. La raison est simple, je savais au fond de moi que j'étais capable de surmonter ça sans artifice. Sans « endormir » mon cerveau, sans utiliser des hormones de synthèse dans mon corps, alors que de base je suis capable de les produire, sans mettre de voile sur ce que je pouvais ressentir, je voulais me confronter réellement à ce que j'avais au fond de moi.

Par contre, ça n'a pas été simple tous les jours, je te l'accorde. Cependant, je n'étais pas seul, j'avais un suivi psychologique toutes les semaines avec une personne de confiance. Pour poser des mots sur les maux. Tu vas me dire « *Oui, mais ça coûte cher une séance chez le psy !* » effectivement ça à un coût.

Pour autant, la santé mentale n'a pas de prix, vu que l'émotion n'a pas de prix non plus. Nous dépensons bien 200€ par mois dans des abonnements Netflix, Internet, téléphone, dans des restaurants, cinéma, pour acheter un téléphone et autres biens de consommation… Si tu es capable de donner cet argent pour ce genre d'activités, c'est quoi 200€ pour sauver ta propre santé et ta propre vie ? C'est inestimable ! De plus il existe des Centres Médicaux Psychologiques remboursés par la sécurité sociale, c'est magique la France.

La dépression porte un poids immense dans la conscience, celle de « *je ne suis bon à rien* ». Bien entendu, ce poids est grand, avec un statut de dépressif on passe du statut d'actif, membre à part entière de la société à « *je ne sers à rien* ». Ce que je suis n'a aucune fonction sociale, je n'apporte rien au monde, je suis un fardeau pour mes proches, le pire c'est le sentiment d'être un fardeau pour soi-même. Ce sentiment est horrible, pour la simple et bonne raison que nous sommes toute notre vie avec nous-mêmes. Il est impossible de divorcer de soi, à part en se donnant la mort. C'est bien souvent une des raisons qui poussent au suicide d'un dépressif.

Le tableau global de ce qu'est une dépression est dressé, une maladie dont la médecine ne parvient pas à identifier la provenance, et dont on ne sait pas trop comment guérir. Le constat est quelque peu affligeant, je te l'accorde, pourtant la réalité vécue est ce qu'elle est. Les raisons extérieures sont multiples et propres à chacun.

Il est difficile d'agir dans l'extériorité, nous faisons partie intégrante du système, pour autant porter un regard critique apportera beaucoup par la suite. Je t'en reparlerai. De plus l'énergie pour se dresser devant le système quand on est en dépression est clairement faible, se serait engager un combat sans fin ni but réel.

Trouver un coupable apportera quoi de plus au final ? Décharger sa colère et sa tristesse ? Sûrement. Pour autant, si on prend un peu de hauteur avec le processus du deuil, tu es dans un instant ou tout est au plus bas. Le cerveau est en saturation, le corps ne trouve plus d'énergie, l'émotion est réduite à la tristesse et la désolation. Le point névralgique se trouve dans l'émotion, ce sentiment de tristesse profonde est présent avec une perte d'élan à la vie.

L'impression de ne valoir pas grand-chose aux yeux du monde, notre propre estime de nous-mêmes est réduite à néant et il faut faire face. Faire face à une sensation de mort intérieure que tout est un paysage sombre, un champ de bataille. C'est apprivoiser cette nouvelle réalité comme si un étranger venait de s'introduire en toi. Ces sensations, pensées étranges qui traversent ton être, comme si quelque chose venait glacer le sang, elle absorbe toute ton énergie, réduit le champ de vision, dépeint une atmosphère profondément lugubre.

Vu qu'à cet instant, tu es classé par le système « *d'inutile* ». Désormais, il reste une seule chose à faire, t'occuper de toi et uniquement de toi. Prendre ce temps comme un espace de répit, ou personne ne viendra demander de rendre des comptes, la seule chose que ton entourage désire c'est d'aller mieux. Alors, construisons un mieux-être, ce mieux-être passe par différentes étapes. L'idée majeure de cette étape : traverser la mort pour la transformer en vie. La nature sait comment faire, un arbre perd ses feuilles à l'automne pour se préparer à l'hiver. Pour qu'au printemps naissent de magnifiques feuilles et fleurs. Nous avons cette capacité en nous, je te le garantis, j'ai confiance dans ta capacité de guérison. Je te donne un indice : les larmes sont ton élixir tel un phénix.

## 2.2. <u>Vivre en à côté d'un étranger :</u>

Je vais partager comment l'étranger est entré chez moi afin d'introduire cette partie. Au départ, convaincu que ma situation n'était que passagère et moindre, j'ai toujours eu cette fâcheuse tendance à minimiser ce que je pouvais vivre, je me disais toujours qu'il y avait plus mal dans le monde, certains meurent de faim et de soif. Alors de quoi je pouvais me plaindre. Je déniais prendre sa juste valeur le déficit d'émotion que j'avais en moi. Du moins, je considérais que j'exagérais ce que je pouvais ressentir, les autres ne ressentaient pas cet état d'être alors c'est que quelque chose clochait en moi. Je ne me positionnais pas au centre de mon propre système.

L'annonce de ma dépression a été quelque peu abrupte pour moi. Quand ma psychologue m'a donné ce diagnostic, j'avais l'impression qu'elle parlait de quelqu'un d'autre. Ça ne pouvait pas m'arriver, impossible, je ne suis pas fou. Pourtant c'était bien réel. Mes seules envies sur le moment étaient de dormir pour me réveiller l'année suivante. Dormir était le seul endroit où mon esprit pouvait construire sans limite, j'ai toujours eu un espace onirique très vaste, le sommeil était mon échappatoire à la vie réelle.

Mes rêves étaient mon seul endroit de répit. J'ai toujours eu la capacité de me souvenir de manière récurrente et précise de mes rêves, disons que par semaine je me souvenais au minimum de 3 rêves, parfois je me souviens de trois rêves en une nuit. Une chance quelque part, j'avais cet espace à moi rien qu'à moi. Par contre, le réveil était systématiquement comme un coup de massue. J'avais envie de pleurer tellement c'était dur de me retrouver dans le monde physique. Comme bloqué dans une réalité qui ne me convenait pas.

J'étais littéralement amorphe de me dire j'allais encore devoir passer une journée de plus dans ce monde qui n'avait plus aucun sens, avec des pensées macabres. J'étais triste, profondément triste, je voulais juste dormir, alors l'idée du sommeil éternel m'a traversé de nombreuses fois l'esprit. J'ai eu envie de rejoindre maman plus d'une fois. Ce qui me raccrochait à la vie était de me dire qu'en mourant physiquement de cette manière, je ferais encore plus de mal à mon entourage. Je n'étais pas suffisamment égoïste pour franchir le pas. Alors j'ai entamé un long dialogue avec la mort, à défaut de pouvoir la rejoindre par ma mort physique. Avec le recul, je me dis que j'ai simplement entamé un dialogue avec la mort qui était en moi. J'ai compris bien des choses par ce biais-là.

La dépression, c'est vivre avec un étranger à l'intérieur de soi, loger au cœur de notre être. Il est invisible, insidieux, ne donne aucun signe apparent de vie. Je dirais même qu'il se manifeste par un signe apparent de mort. Ces pensées noires qui poussent un être à faire une T.S. comme si désormais, tu devais cohabiter avec quelqu'un qui empeste la mort à plein nez, il fige chaque instant dans une réalité profondément morbide. À cette période-là, je me suis véritablement dit « ma vie est un enfer sur terre ». Pourtant il existe un chemin vers autre chose que cette réalité. Je dirais, avec du recul et l'expérience que j'en ai, que la dépression et sa guérison s'appuient sur plusieurs aspects fondamentaux. Dans un premier temps, c'est se familiariser avec cet étranger et entamer une forme de dialogue. Cela paraît simple, dit comme ça, c'est vrai, pourtant ce n'est pas si compliqué que ça. Je vais vous expliquer sur quel point fondamental se basent cette rencontre et ce dialogue.

Disons que cette partie de toi-même est vraiment terrifiante, elle pousse dans des recoins tellement obscurs, t'isole dans les ténèbres, ça fait profondément peur. La tristesse d'être dans cette situation et une peur intérieure, une peur de cet étrange inconnu qui survient. Pour sûr, il est important de comprendre ce qu'est une peur afin d'apprivoiser cette émotion. Pour rappel, la peur est une réaction impulsée par notre système le plus archaïque. Une réaction cérébrale quand un danger fait irruption, un système de défense qui nous servait lorsque nous étions des chasseurs-cueilleurs. Cette époque où nous vivions dans une grotte et où une menace pouvait survenir à tout moment. La peur est un instinct de survie. Elle prévient que quelque chose d'inhabituel se produit, il se passe quelque chose de nouveau, une inconnue est présente. Je suis potentiellement en danger. Fondamentalement, il existe trois manières de réagir face à la peur. Soit je fuis, soit j'affronte, soit je reste tétanisé et j'attends que ça passe, que le danger se dissipe.

La fuite face à cette peur entraîne une course poursuite sans fin, dans les moindres recoins de tes pensées. Comme un cauchemar où tu dois fuir des personnes qui te courent après, c'est angoissant et terrifiant. Pour sûr, j'en ai fait un paquet de rêves comme celui-là. Le résultat est souvent le même, tu restes piégé dans ton propre esprit par l'ombre de toi-même qui te traque. Le combat est intéressant, il révèle une certaine volonté de rompre avec l'existence de la peur. Combattre ses peurs, c'est changé de mode : un passage d'un état de proie à potentiel prédateur. Le positionnement est clairement galvanisant, il mobilise de l'énergie pour se battre et vaincre un adversaire. Pour autant, se battre contre soi-même c'est sans fin et permanent, de plus l'esprit saura taper là où ça fait mal. Alors se battre est une option, mais elle reste à mon sens un coup d'épée dans l'eau. Rester tétanisé face à cette peur peut être une solution, pour autant dans un état de paralysie, il est difficile d'entrevoir une quelconque rencontre. Le dialogue est impossible, rien ne sort pour autant c'est une première rencontre, c'est déjà pas mal.

Potentiellement, la peur est un mal puissant, qui noue une relation profonde avec la dépression. C'est là que l'idée de transformer la perception de cette inconnue, non pas en peur, mais en solution, est une opportunité. Si on y réfléchit bien, qu'est-ce que cette inconnue a à te dire ? Elle est l'émanation de la tristesse, de pensées les plus sombres, de la peur de rester bloqué dans cet état, de ne pas réussir à remonter la pente, de se sentir si faible, si vulnérable, d'être incompris. Il y a aussi la peur de rester dans cet état léthargique d'un être profondément inutile au monde et à la société, de vivre inlassablement les mêmes traumatismes, les mêmes situations encore et encore. De revivre cette chute vertigineuse au fond du trou dans lequel tu es peut-être actuellement. Et si, par hasard, tu tentais de percevoir cette inconnue comme quelque chose qui souhaite entrer en relation avec toi ? La peur qui est mobilisée est un processus de défense face à ce potentiel danger qu'est la dépression, parce que oui effectivement, c'est une maladie, un corps étranger implanté dans ton esprit. Si elle est là, c'est qu'elle a ses raisons. Tu as fonctionné jusqu'alors avec une manière de percevoir le monde et ta propre vie. Le but de cet étranger, de cet inconnu, est de te faire comprendre quelque chose. Pour autant, faut-il accepter cette alliance ?

Cette vision macabre émane de l'alchimie entre toi et la maladie. La maladie qu'est la dépression est une émanation de la mort. C'est là que nous touchons de plus près à la pulsion de mort. Effectivement, c'est au départ effrayant, sûrement une des peurs les plus profondes qui puissent exister. La peur de la mort, c'est quelque chose de puissant. Sois certain d'une chose : la mort fait partie du processus de la vie. De la mort émane la vie. Sans mort, la vie est impossible. Les feuilles qui tombent de l'arbre deviennent avec le temps, la base d'une terre fertile.

Cette mort est désormais implantée dans ton être, dans ton cerveau, dans ton corps, dans tes émotions, c'est abrupt dit comme ça. Si tu doutes que la dépression soit une manifestation de la mort, alors pourquoi certaines personnes vont jusqu'au suicide ? Cette tristesse, cette peur est compréhensible face à cet étranger qu'est la mort. Ce que tu es à l'instant présent entre ton cerveau, ton corps, tes émotions déterminera ce que tu vas faire avec cet étranger. C'est trois points fondamentaux, tu y as potentiellement accès, il t'appartient d'en prendre conscience. Le point névralgique, ce sont les émotions. Prends le temps de faire connaissance avec tes propres émotions, repense à l'allégorie du phénix. Les larmes et la tristesse sont libérateurs, elles donnent du sens au vécu.

Sois sûr d'une chose, cette cohabitation est temporaire, au final dans la vie tout est temporaire, notre propre existence est temporaire. Quand bien même, que représentent 3 ans ou même 5 ans dans une vie ? Où étais-tu il y a trois ans de ça ?

Dans cet état, le temps devient un véritable poison, comme s'il s'égrenait de manière lente, comme si tout était au ralenti, l'impression de faire un surplace permanent, à ressasser encore et toujours les mêmes idées, les mêmes constats, les mêmes peurs, la même tristesse. Ce qui est curieux de constater, c'est qu'on dit bonheur et malheur. Relisez (bon)heur, (mal)heur, le préfixe change, la racine reste la même. La manière dont on vit l'évènement aura un impact considérable sur le ressenti du temps. Alors oui, dans la dépression, la perception du temps est un véritable calvaire, il est oppressant, tellement long que la mort semble être une éternité.

Si la mort est une éternité, que représente la vie à côté ?

L'unité, le tout. C'est en ça que la dépression est une manière d'apprendre à mourir. Apprendre à mourir de ses croyances, de ses peurs les plus profondes, de faire corps avec cette entité qui est en toi. Si tu es dans cette réalité macabre, c'est une chance de revenir d'entre les morts. Tu es maintenant à un point clef du processus de la mort, sûrement dans la dualité, le but étant de toucher à l'unité entre ton élan de vie et ton élan de mort. Le tout est de désormais construire des canaux pour créer le lien entre toi et la mort et tirer l'enseignement de cette rencontre qui transcende l'existence. Une sacrée ambition n'est-ce pas ? Le but dans cet instant est de semer des graines dans la conscience, la patience donnera vie à cette nouvelle réalité. Le temps est une perception qui se déforme en fonction du vécu émotionnel, alors sois sûr d'une chose, tout va bien se passer.

## 2.3. **Ouvrir des fenêtres :**

Dans les précédents chapitres, j'ai évoqué des instants où l'implantation de nouvelles idées et de nouvelles perspectives sont possibles. La dépression est un moment idéal pour semer de nouvelles graines dans la conscience. Un moment où le reebot système est possible et à portée de main. Pourquoi maintenant ? Pour la simple et bonne raison que dans cet instant de vie, l'oppression ressentie est telle que tu souhaites changer drastiquement cette vision que tu as de toi, de la vie et de ces pensées inlassables. Tu as la possibilité à cet instant de devenir agriculteur de ta propre existence. La préparation de la terre pour les nouvelles plantations se prépare dans un hiver glacé. Ce sang glacé par d'effroyables visions, pensées, est réel. Alors, adoucissons ensemble cette terre aride et chaotique.

Pour faire un petit récapitulatif, tu es dans une phase où l'énergie disponible dans le corps est faible, les émotions sont brassées par la tristesse, le cerveau se focalise sur les mêmes pensées noires. Des sursauts vers la colère impulsée par le cerveau peuvent survenir, en même temps pour le corps et le cerveau, c'est le dernier point de ralliement où de l'énergie était encore disponible.

Au cœur de la dépression et de cet échange intérieur avec la mort, des instants de regain d'énergie véritable existent. La dépression fait des mouvements oscillatoires entre pulsion de vie et pulsion de mort. Cet instant où la pulsion de vie refait surface est ce que j'appelle une ouverture de fenêtre. Comme des fenêtres où tout à coup la lumière refait son apparition, comme un rayon de soleil qui vient avec sa chaleur caresser le visage au cœur de l'hiver. Ces instants sont, au départ, courts puis peu à peu avec suffisamment de patience et d'exercice, la lumière revient de manière abondante, pour chasser l'obscurité.

Ces ouvertures de fenêtres reposent sur le même triangle que tout au long du processus. Cerveau, corps et émotion. Je vais expliquer dans cette partie comment soigner et planter de nouvelles graines dans le cerveau, le corps et les émotions. L'implantation de nouvelles idées est l'atteinte de la mort intérieure. Si tu cultives suffisamment longtemps de nouvelles idées, de nouvelles pensées, un nouvel état d'être, l'ancien va mourir petit à petit. Il laissera place à une nouvelle version de toi, émanant de ce vécu près de la mort, pour sublimer ta propre existence.

**Cerveau :**

Le cerveau est le disque dur de notre être. Pour sûr, si tu es en dépression, il y a comme un virus dans le système. Les neurotransmetteurs envoient des hormones mal coordonnées dans le corps. La sérotonine, la dopamine, la noradrénaline, l'endorphine, le cortisol et d'autres hormones sont déréglés. C'est le but des antidépresseurs de modifier les sécrétions hormonales qui régissent le corps. Il est évident que certaines hormones sont indispensables pour ressentir un état de mieux-être. Petit cours de physiologie en perspective, pour mieux comprendre qui joue quoi comme rôle et comment impacter en conscience ces hormones. La sérotonine est responsable du sommeil et du bonheur, l'ondorphino ost l'hormone cécrétée pour faire disparaître la douleur et faire apparaître l'euphorie, la dopamine est l'hormone de la récompense couplée à la noradrénaline, le cortisol est sécrété lorsque nous ressentons du stress.

Le cortisol est une des principales hormones qui impacte toutes les autres, lors d'une dépression. Il y a ce sentiment de ne jamais faire assez pour être dans la situation souhaitée. Ce ressenti augmente le facteur stress et par répercussion, la production de cortisol.

Alors dans un premier temps, lorsque des fenêtres s'ouvrent, tâchez de réduire le stress de la situation est primordial. Pour ce faire, il existe différentes techniques pour réduire petit à petit ce taux de stress. Le principal est d'adopter de nouvelles habitudes.

Pourquoi ? Faire des choses inhabituelles pousse le cerveau à créer de nouvelles connexions. Les connexions sont les câbles électriques qui permettent de mettre de la lumière dans votre tête. Par conséquent, si le cerveau doit traiter de nouvelles informations, il devra se focaliser sur la nouvelle action réalisée et se focalisera moins sur l'étranger présent dans la tête.

L'idéal dans cette nouvelle activité est d'être le plus conscient de ce que vous êtes en train de faire. Si vous décidez de lire, faites-le en étant le plus concentré sur ce que vous faites. Au départ, pas besoin de passer des heures et des heures à faire cette nouvelle activité. 5/10 minutes suffisent. Jauger ton énergie disponible, ta fatigabilité. Essayer de maintenir cette activité pendant 21 jours. Pourquoi 21 jours ?

C'est le temps nécessaire pour que le cerveau intègre cette information comme une nouvelle habitude. Amuse-toi à varier l'intensité de l'activité, par exemple tu commences par 10 mins par jour puis tu augmentes progressivement de 1 min de plus par jour. Au bout de 21 jours, tu seras passé d'une activité de 10 min à 31 mins. Wahou ! tu as triplé le temps de concentration focalisée. Pendant ces 31 minutes, ton stress diminue significativement d'autant plus, si tu as envie de faire ça et que tu prends conscience que ça te fait du bien. Si tu sens que c'est trop et que tu décroches, ce n'est pas grave. Félicite-toi de t'être consacré du temps à cette nouvelle tâche.

J'appelle reconfigurer le cerveau par une nouvelle expérience. Ces fenêtres ouvertes sont la possibilité de faire de nouvelles activités cérébrales. Déjà, c'est 31 minutes de moins à ressasser les mêmes idées. Tu peux avoir l'impression que c'est vraiment peu, pour autant il faut bien des petites pierres pour construire de grands édifices. Comme m'a dit ma psychologue un jour, « avant de vouloir faire de grandes choses, apprends à faire de petites choses. ». Elle avait complètement raison, au cœur de la dépression, l'esprit se bagarre pour un état d'être différent, mais on est parfois incapable de reconnaître ce qu'on est en mesure de faire à l'instant. Ce qui augmente considérablement le taux de stress. Je vais te donner une petite liste d'activités incongrues pour t'insuffler quelques nouvelles activités.

- Lire des livres sur des sujets qui te passionnent,
- Écrire sur ce que tu vis et ressens,
- Faire des petits exercices de relaxation/ méditation
- Faire une petite activité sportive (yoga/course ou marche à pied/ fitness/ art martial…),
- Apprendre à cuisiner,
- Apprendre un instrument de musique,
- Apprendre à chanter,

- Écouter un podcast sur un sujet qui te passionne,

La liste n'est pas exhaustive, fais appel à ton imagination et à tes rêves d'enfants enfouis. Tu vas trouver plein d'idées quand tu en as une, let's go !

De mettre en mouvement cette nouvelle activité cérébrale fera baisser considérablement ton taux de cortisol, si le taux de cortisol diminue, l'inhibition qu'elle provoque laissera plus de place aux autres hormones afin de les réguler. Le stress et le cortisol sont des hormones clefs qui impactent toutes les autres.

Ce qui est magique, c'est que parfois des activités qui naissent lors de dépression deviennent des passions et les gens changent complètement leur état d'esprit. Allant même jusqu'à faire en sorte de vivre de cette passion nouvelle qui les a sauvés. Pour ma part, lors de ma dépression, je me suis pris de passion pour la lecture d'ouvrages orientés psychologie. Je me suis intéressé un peu aux neurosciences, à la psychologie de Karl Gustav Jung, au sujet concernant les Hauts Potentiels intellectuels et Émotionnels. Alors j'ai lu des ouvrages, je lisais une trentaine de minutes tous les jours, parfois c'était tous les deux jours. Peu importe, le temps et la fréquence, la lecture fait désormais partie de mes habitudes. C'est plutôt sain comme guérison tu ne trouves pas ? Maintenant, dès que je me questionne sur un sujet, je vais sur Google, je cherche un article, ou un livre et je le lis. Je ne finis pas forcément le livre ou l'article, mais j'essaie au maximum de faire réduire le stress lié à mon questionnement, pour éviter qu'il bascule en angoisse.

### Émotion :

Le deuxième point périphérique, pour exploiter les fenêtres ouvertes, est l'émotion. Pour rappel, l'émotion dans une dépression est tournée vers une déconnexion avec celle-ci ou sur un versant de tristesse profonde. Cette tristesse comme abordée précédemment est un antidote, elle possède une vertu incroyable. Libérée de la tristesse, elle enclenche son pouvoir de guérison sur les plaies provoquées par le traumatisme du choc. Alors dans les fenêtres ouvertes, la tristesse a sa place, ressens cette tristesse profonde laisse la s'exprimer, elle a sa place.

La tristesse pure, répare, guérit nos plaies, néanmoins il est parfois difficile de la désolidariser de la pensée qui engendre les peurs, les angoisses. C'est en ça que dans ces fenêtres, tâchez de décortiquer l'émotion est un excellent point de départ. Le ressenti de tristesse est démultiplié par la pensée qui nous raccroche à des flash-backs traumatiques. C'est là qu'est le point d'ouverture, le moment où ressentir l'émotion se greffe à une pensée. La pensée est autre chose que l'émotion, nous verrons ça un peu plus loin dans l'ouvrage. Cependant, essaie de ressentir ce point où l'émotion se greffe à des pensées noires. Au départ, ce n'est pas évident, je te l'accorde. Pour autant quand tu as des pensées noires qui fusent à tout va, pose-toi cette question : « Quelles émotions je ressens ?"

Prends un papier et un crayon et note spontanément ce qui vient à ton esprit. Pas besoin d'écrire beaucoup. Juste, identifie ce qui se passe en toi émotionnellement. Pour cela je te conseille de dédier un carnet à émotion. Un petit carnet où tu notes jour après jour les émotions qui te traversent. Ce petit carnet aura une importance cruciale par la suite, tu verras. Pour ma part, lors de ma dépression j'ai ouvert un cahier où j'écrivais les différentes émotions, que j'identifiais et qui à cet instant-là prenaient beaucoup de place. Je vais en partager un extrait.

*« Zen : Je ne suis jamais tranquille avec les autres, j'essaie de calmer le truc en proposant un moment paisible et relaxant et il y en a toujours un qui vient perturber le truc !*

*Blessé : Ouais parce qu'il y a trop de flash-backs qui viennent en ce moment, l'émotion est forte et je ne veux plus vivre ça.*

*Stressé : Ben moi j'arrive quand ça ne va pas assez vite, quand il y a plein de choses à faire et que je n'y arrive pas.*

*Organisateur : Moi j'ai beaucoup de mal à planifier parce que tout le monde gueule, j'écoute le zen pour que ça se passe bien et ça ne se passe jamais comme prévu.*

*Positif : Moi je pense que le zen a raison, certain créer du désordre et de la panique pour pas grand-chose.*

*Moi : franchement le stressé et le blessé vous cassez les couilles, vous êtes en boucle depuis toujours. Le blessé ça fait plus d'un mois que c'est la même rengaine, ne t'en fais pas ça va bien se passer, on guérit grâce au zen et positif. Le stressé calme le jeu aussi ça ne sert à rien, on perd tous nos moyens et tu me donnes envie de pleurer et d'abandonner à chaque fois. Pleurer ça fait du bien OK, mais à juste dose, sinon c'est infernal.*

*Peur : Ouais, mais comment on fait quand on se sent seul, personne ne nous comprend. Et si on n'est jamais heureux comment on fait ?*

*Moi : Écoute peur tu as raison de t'inquiéter tu permets de nous protéger à certains moments, mais regarde, zen et positif ce qu'ils apportent c'est du bonheur non ?*

*Peur : Ouais j'avoue que tu as raison.*

*Colère : Moi je suis en colère contre tous ces gens qui ne comprennent rien. Contre les gens qui sont incohérents et qui nous mettent à mal. Putain on a tellement de puissance à nous tous et on n'arrive jamais à être synchronisé et à balancer la sauce au bon moment. On ne s'écoute pas assez les uns les autres et ça finit toujours en bordel monstre à être triste, à avoir peur et à être stressé. Alors écoutez-vous bordel ! On peut devenir puissant les gars !*

*Moi : Bon on va faire simple à vous tous je vais vous donner une mission et des choses à faire OK ? Ceux qui ne se sont pas manifesté, manifestez-vous quand vous en aurez besoin OK ? Mais à certaines conditions.*

*La condition est que je vais convenir d'un moment dans la journée où je vous laisserais libre expression OK ? Le matin quand je me réveille OK ? Cependant vous êtes OK que tout le monde se calme au moment de l'endormissement. Sinon je ne dors pas et je suis K.O et dans ces moments-là je n'arrive pas à écouter qui que ce soit et là c'est la merde.*

*Du coup, blessé, mets-la en veilleuse aujourd'hui, les choses sont différentes on fait le deuil on a morflé OK, mais on avance, on guérit petit à petit. Alors laisse la place aux autres, si ça ne va toujours pas mieux des vacances arrivent pour avoir du temps pour les blessures là il y a match dans le réel et on peut perdre trop d'énergie.*

*Peur, n'interviens que quand je suis en danger vital, sinon remballe, tu pollues l'énergie.*

*Du coup, on est OK pour ce fonctionnement alors let's go !* »

Cette manière de faire m'a beaucoup aidé afin d'identifier les différents tenants et aboutissants de mon émotion. J'ai tâché de personnifier certains genres de pensées qui m'amènent à certaines émotions ressenties. Ça peut paraître saugrenu, mais honnêtement d'identifier ces émotions m'a permis de mettre le doigt sur beaucoup de choses. Je ne te cache pas que je n'ai jamais partagé avant ce recueil de pensées et c'est avec beaucoup de sincérité que je t'en fais part.

Une fois les émotions identifiées, les fenêtres s'ouvrent en alliance avec le cerveau. Elles sont cruciales. Elles permettent de faire vivre l'action vécue, de connecter l'émotion en conscience dans le cerveau. Si par exemple, tu entreprends une nouvelle activité et que tu y accordes une émotion positive au bout de 21 jours, tu ressentiras un pic émotionnel intense lorsque tu pratiqueras, c'est ça le secret.

« *Sans émotion, il est impossible de transformer les ténèbres, en lumière et l'apathie en mouvement* » Karl Gustav Jung

### Corps :

Pour rappel l'énergie lors d'une dépression est au bas, il est difficile de réaliser une action même basique comme s'alimenter, faire les courses, s'occuper des tâches quotidiennes. L'énergie présente est souvent faible, voire même inexistante à certains moments. La charge cognitive entre le cerveau et l'émotion est tellement importante qu'il ne reste plus grand-chose au corps.

Pourtant le corps est un outil formidable pour exploiter l'ouverture de fenêtre. Lorsque des fenêtres sont ouvertes, le cerveau impulse potentiellement une action, l'émotion permet d'y mettre de la vie, le corps exécute. Pendant l'action, le corps renvoie des feed-back sur son état au fur et à mesure. Une boucle se crée par l'intermédiaire du corps, il est le maillon de clôture de la boucle.

Dans l'idée d'ouvrir de nouvelles possibilités, faire de petites choses du quotidien permet une mobilisation générale de notre corps. C'est physiologique, si je fais régulièrement du sport, mon corps sera entraîné à le faire et supportera cette action. Donc lors de l'ouverture de fenêtre, plus tu arriveras à mobiliser ton corps en accord avec ton cerveau et tes émotions, plus l'ancrage de cette nouvelle expérience positive sera importante. Pour sûr lorsque tu fais une séance de sport, tu vas créer des endorphine et dopamine ce qui favorise l'émotion et envoie à ton cerveau un signal comme quoi cette expérience est positive. C'est ça que crée de nouvelles expériences physiques jamais expérimentées tuera petit à petit les croyances limitantes que tu as de tes propres capacités.

Reprenons les choses avec un angle de vue différent, quand tu manges ton repas, tu as des milliers d'informations qui parviennent à ton cerveau. La texture, le goût, l'odeur, la couleur, etc. Si par exemple tu manges un nouveau plat inconnu tu vas être vigilant à ce que ce plat te procure comme sensation tu es focus sur l'information pour le classé dans j'aime ou je n'aime pas. Ce qui est curieux de constater que ce sont les goûts alimentaires des enfants, plus un enfant découvre de saveurs, plus il crée une cartographie de ses propres sens. Pour ma part quand j'étais petit je mangeais énormément de bananes, il est arrivé un stade où j'en mangeais tellement que cet aliment me dégoûtait. Puis je me suis mis à réapprécier cet aliment.

Pour quoi ? Parce que j'ai dissocié l'aliment de l'expérience près enregistrée dans mon cerveau comme étant quelque chose d'écœurant. J'ai recréé une expérience de l'alimentation. Pour sûr, lors de ma dépression, j'ai appris à manger différemment. Ma copine de l'époque était végétarienne.

Par confort, je me suis mis à suivre ce régime alimentaire et j'ai cherché à comprendre cette expérience de manger différemment. Pour sûr je me suis même mis à m'intéresser à l'alimentation en général en adoptant le jeûne intermittent. Moi qui adorais mon bol de Chocapic le matin je me suis mis à supprimer cet élément de mon alimentation pour essayer une nouvelle expérience corporelle et physique vis-à-vis de l'alimentation. Une belle expérience, désormais cette méthode pour consommer un aliment est devenue une habitude.

Tu désires un autre point de vue, allez ! Quand tu fais le chemin habituel, pour aller au travail tu prends sûrement la même route. Tu empruntes le même métro, descends à la même station, tu prends le même passage piéton, tu t'arrêtes boire un café dans le même bistrot, tu adoptes de manière générale la même routine.

Ce qui est marrant de constater c'est qu'en soit, oui le fond de ce que tu fais, le fond de ton expérience corporelle reste la même, mais la forme change chaque jour. Les saisons changent, tu ne croises pas exactement les mêmes personnes, la rame de métro est différente, les voitures garées dans la rue sont différentes, etc. Tu dois te demander où je veux en venir. J'y arrive, ton corps est habitué à cette routine quotidienne, il fonctionne en automatique, pourtant le décor évolue et tu ne t'en rends pas compte.

Les informations corporelles générales restent les mêmes c'est vrai, mais tes autres sens sont endormis. Tu peux regarder 20 fois le paysage et le paysage sera 20 fois différent, ce seront sûrement des changements minuscules, mais ces changements ont lieu. Dans un état dépressif, la difficulté est de percevoir ces microévolutions c'est vrai. Pourtant, entre le toi du matin et le toi du soir tu as déjà changé, tes cellules ont changé.

Tu ne t'en rends peut-être pas compte, mais d'un jour à l'autre d'une minute à l'autre certaines cellules de ton corps meurent et d'autres se créent. L'ouverture de fenêtre pour le corps est de tenter de vivre, percevoir le vécu de manière différente. Le corps est une mine d'informations transmises au cerveau, quand vous repoussez vos limites corporelles, le cerveau et l'émotion créent une nouvelle réalité. Exploiter ces fenêtres en implantant une nouvelle manière de se projeter corporellement à la vie, avec une nouvelle attention, une nouvelle émotion renforce le processus de guérison.

Tu vas sûrement me dire oui, mais j'ai la flemme de faire du sport, de rester focalisé sur le chemin que j'emprunte pour aller au travail, sur la nourriture que je mange, sur le fait de remettre mon alimentation en question ou de faire une quelconque activité. Le corps dans le cas présent est simplement là pour exécuter et faire l'action que le cerveau ordonne. Alors si tu as du mal à exploiter ces fenêtres dans ton espace corporel, reprend le processus en passant par le cerveau puis l'émotion et enfin le corps.

Le but au départ est d'ouvrir des petites fenêtres où tu es présent pour percevoir les choses de manières différentes dans ton corps. Une fois la tâche réalisée fait un bref tour du propriétaire, de ton état physique. Même si tu ne ressens rien en particulier c'est génial. Pourquoi ? Tu fais quelque chose qui n'est pas traumatique pour ton être. C'est déjà incroyable, pour quelqu'un qui vit en enfer quotidien non ? Même si le rocconti physique n'est pas incroyable, se donner la possibilité de construire pas à pas une réalité non traumatique c'est déjà une victoire non ?

Apprendre à mourir, c'est se confronter à sa tristesse et tâcher de tirer son pouvoir de guérison en libérant les émotions bloquées.

Libérer des émotions bloquées, tue en toi ce que tu étais au départ. Une personne tapie dans l'ombre de ses propres émotions, qui n'a aucune idée de qui elle est profondément. C'est affronter une réalité où toutes choses est une montagne, c'est faire face à cet étranger et apprendre à se familiariser avec. C'est créer un dialogue avec soi, pour écouter et entendre ce que tu as besoin d'apprendre sur toi-même. Car cet étranger n'est autre que des peurs, des angoisses, ton côté obscur à l'état brut. La mort que tu portes à l'intérieur de ton être. Il est vecteur de fabuleux messages sur tes traumatismes. Pour finir, ouvrir cette fenêtre d'échange c'est faire mourir petit à petit la personne que tu étais avant la première ouverture pour laisser entrer la possibilité de créer une autre réalité.

Bien entendu je recommande à tout un chacun d'avoir recours à un processus de mort intérieur qui lui correspond, avec les outils dont il dispose. Ce que je décris là est une manière d'aborder le processus, chacun aura sa propre sensibilité. Avoir recours à un professionnel de santé n'est pas proscrit au contraire, ça peut t'aider et te rassurer. Pour autant nous savons tous au fond de nous comment mourir, la nature nous le montre chaque jour.

**À retenir :**

**La tristesse :**

- La tristesse est une émotion parmi l'ensemble du spectre émotionnel qui existe.

- Dans le processus du deuil, accepter sa tristesse c'est accepter une mise en marge temporaire.

- La tristesse permet de se reconnecter à son émotion, sa sensibilité.

**La dépression :**

- C'est une maladie, ça peut arriver à tout le monde. Son origine est méconnue entre facteur environnemental et génétique.

- La dépression c'est comme vivre avec un étranger à l'intérieur de soi. Une chose aux pensées noires, énergivores qui suscitent de la peur, de l'angoisse. Elle t'enferme dans une réalité macabre pour autant pour autant, elle émane d'une partie de nous-mêmes.

- Pour révéler une nouvelle force, il est important de prendre le temps de créer un dialogue intérieur. Afin d'apaiser ses peurs profondes et créer une alliance créatrice.

- Se dialogue intérieur permet d'apprendre à se connaître, mieux se comprendre pour qu'à l'avenir les situations compliquées le deviennent beaucoup moins.

- Créer des fenêtres c'est se donner la possibilité lorsqu'il y a une disponibilité mentale, émotionnelle et énergétique, de créer une nouvelle réalité dans l'inconnue. Investir de nouveau espace afin de forcer notre machine à fonctionner différemment.

# Chapitre 5 : Trouver le chemin de son plein potentiel

*« Se perdre, pour mieux se retrouver. Traverser des contrées pour mieux se rencontrer. Le voyage c'est ouvrir une porte qu'on ne pourra jamais refermer. »*

Te voici, désormais à la lisière d'une nouvelle aire de ton existence. Il ne reste qu'un pas vers une réalité augmentée. Augmentée par le chemin que tu auras parcouru. Traverser la mort est un long chemin, où la patience, le courage sont des vertus inestimables. Ces qualités humaines que nous avons tous, celles de croire que quelque chose d'autre est possible, il suffit d'y croire suffisamment longtemps et fort pour qu'un jour elle se réalise. Désormais, après avoir traversé de sombres jours, l'aube de nouvelles contrées fait son apparition. Tel un voyageur au cœur de ton être, tu as traversé la vallée de la mort, pour finir ton parcours vers le mont le plus haut que tu puisses atteindre. Un peu de persévérance avant d'admirer ta réussite, il reste un peu de chemin à parcourir. Comme dans un marathon, les derniers kilomètres sont souvent les plus durs. N'abandonne pas maintenant tu as fait les 2/3 de l'aventure.

Rappelle-toi que ce voyage est une expérience, où tout à la possibilité de se transformer en quelque chose de différent. Ni mieux ni moins bien face à la situation initiale, simplement différent. Cette idée de différence admet de placer le vécu dans un espace nouveau. Un lieu qui n'est ni dans l'oubli ni dans la submersion émotionnelle, cognitive, mentale, corporelle. Cette position est celle de la juste place. Je reviendrai un peu plus loin dans le chapitre sur cette notion de juste place.

Dans ce chapitre le point central est la question de l'acceptation. Un vaste sujet qui revêt un bon nombre d'amalgames et autres préjugés. Comme à mon habitude je tâcherai de t'amener à déconstruire tes représentations de l'acceptation pour en donner un nouveau sens et je te guiderai pas à pas sur les points clefs pour déverrouiller la porte de l'acceptation.

## 1. **Construire le pont de l'acception**

L'acceptation quel drôle de nom, pourquoi pas libellule ou papillon ? Qu'est-ce que véritablement l'acceptation de quelque chose ? On parle souvent d'acceptation, comme une clef magique, pourtant cette idée d'accepter reste nébuleuse.

De manière tacite nous acceptons chaque jour des choses, de manière consciente ou inconsciente. Par exemple nous acceptons le prix d'une baguette de pain, car quelqu'un d'autre définit un prix de vente. Si tu souhaites l'obtenir, tu dois accepter son prix.

Quelque part chaque chose que nous acceptons de manière conscience ou inconscience possède un « coût ». Un coût monétaire, un coût émotionnel, un coût psychologique, un coût idéologique…

Accepter dans le processus de la mort c'est quoi ? De manière simple, c'est accepter que la mort et son processus existent et qu'elle possède un sens dans ta vie. Pour sûr, de toutes manières, elle s'impose à nous quoi qu'il arrive. Quoi que tu fasses, tu ne peux y réchapper.

Cependant, comme évoqué précédemment, accepter dans le processus de la mort admet un certain nombre de coûts. Il est certain qu'accepter quelque chose tel que la mort, relève d'un paradoxe. La mort dans ce qu'elle est, représente à elle seule cette dynamique d'un fait imposé pour la majorité d'entre nous. J'entends souvent dire lors d'un évènement traumatique « pas le choix, il faut faire avec ». Comme si cet évènement était vécu comme un fardeau, un étranger dont il faut accepter l'existence et construire une vie malgré sa présence, comme vu au chapitre précédent. Alors le prix de cette acceptation peut-être relativement élevé. Pour la plupart d'entre nous, c'est contre-intuitif.

Pour rappel, le processus de la mort t'a amené jusqu'alors à traverser le choc, le déni, la colère, la tristesse et la dépression pour les cas les plus extrêmes. De nombreux état d'être qui montre cette tension du paradoxe de la mort. Dans le précédent chapitre, tu as pu entrevoir par le biais des « ouvertures de fenêtres » cette dynamique vers une autre réalité que toi seul peux construire. Pour autant, tu as sûrement remarqué que malgré les fenêtres ouvertes il est parfois difficile d'exploiter durablement ces opportunités et de les accepter comme faisant partie intégrante de ta vie.

Aucune crainte c'est normal, pour la simple et bonne raison, que les résidus du paradoxe, de mémoire du toi d'avant subsiste. Il est évident que déconstruire certaines réalités traumatiques prend du temps. De plus, un paradoxe ne doit pas être résolu, mais contenu selon *Winnicott*. Le but depuis le départ est d'admettre l'ensemble des éléments que fait vivre la mort. Il est à aucun moment question de la combattre seulement de l'appréhender, de la vivre, de la contenir et d'en tirer une force créatrice.

L'acceptation dans le processus de la mort et du deuil c'est quelque part lâcher prise sur cette réalité traumatique. Laissé, ce traumatisme coûte cher. Ça coûte énergétiquement, psychologiquement, cognitivement car c'est contre-intuitif et paradoxal.

Si là maintenant, je te révèle que la mort ne t'est pas imposée... Si tu es choqué par cette phrase, c'est génial. Je m'explique, si on reprend le fil, la mort est un fait de vie, ça fait partie des règles du jeu quelque part. Par contre la manière dont on vie la mort et son processus n'est pas imposé libre à toi de le prendre par le bout que tu souhaites. Tu es libre d'en faire ce que tu veux dans ta propre vie du moment ou tu as conscience de ce qu'elle est vraiment. Le laissé dans le déni, dans la colère, dans la tristesse, dans les limbes de ton inconscient. La vie et la mort font partie d'une seule et même réalité. Alors oui ça devient coûteux quand tu subis ton deuil et ton processus. Car tu es en lutte, en combat contre toi-même. Comme je l'ai dit précédemment, le but n'est pas de se livrer à un combat au contraire.

La vie et la mort sont comme le côté pile et le côté face d'une seule et même pièce. Vivre c'est mourir, mourir c'est vivre. Le lieu où tu places la mort dépend uniquement de toi et des programmes acquis, appris, de tes perceptions. La mort va au-delà de la pensée, du mental, la vie aussi d'ailleurs.

Le programme du mental est incapable d'accepter de mourir. Pour sûr de nos jours, combien de personnes sont otages de leurs pensées et de leur mental ? Énormément. Combien de personnes détiennent des regrets, des remords après la perte d'un être proche ? Énormément. Combien sont rongés de ces regrets et remords toute leur vie ? Énormément. Combien considèrent ces regrets et remords comme la possibilité de remettre en question leur propre vie ? Peu à mon sens

Je mets en avant l'idée qu'accepter la mort et son processus, relève d'une véritable transcendance de l'esprit. C'est accepter de lâcher certaines croyances, c'est accepter de prendre conscience que cette rupture a été traumatisante, mais que désormais tu es bel et bien en vie, sur un chemin nouveau. De nouvelles connaissances s'offrent à toi.

Le prix de cette acceptation est la renonciation. Renoncer en âmes et conscience. Non pas comme un fait imposé qui laisse une amertume au fond de la gorge. Plutôt comme une renonciation qui te libère du poids des années, des blessures du passé. Car finalement, la seule personne qui peut accepter ou non c'est uniquement toi. Quelque part, seul toi dois accepter de manière consciente ou inconsciente cette manière de considérer ton corps, ton cerveau et tes émotions. Lorsque tu saisis le sens de l'acceptation, tu laisses la possibilité à la vie de se révéler véritablement et totalement. Tu deviens plus sage, plus aguerri.

Pour autant, pourquoi maintenir dans ta tête une peur viscérale de la mort ?

Je vais te dévoiler une nouvelle clef dans ton parcours afin d'apaiser le paradoxe résiduel de la mort. Le positionner dans ton esprit, dans ta conscience à une place idéale afin de mettre un pied dans le processus d'acceptation de cette nouvelle réalité. Comme évoqué précédemment, j'ai touché du doigt l'idée que la pensée et le mental peuvent parfois montrer une certaine résistance à renoncer. Comprendre comment ce système de pensée fonctionne est cette clef.

Je vais t'expliquer comment fonctionne tes pensées, ton mental, pour abolir les tensions qui subsistent. Car bien souvent, ce sont les pensées, le mental en lien avec les émotions qui maintiennent la mort à une place douloureuse.

Tes pensées sont en lien direct avec l'émotion. Ainsi, quand tu traverses une période douloureuse, tu te mets à penser que tu es nul, que tu ne vaux rien, etc. Il est impossible de supprimer la pensée. Soit elle est multipliée, soit additionnée. Plus tu penses à quelque chose, plus ton cerveau focalise là-dessus. La raison est simple, tant que cette pensée n'est pas résolue, ton cerveau ne lâchera pas prise. Il l'assimilera comme une tâche non accomplie et elle reviendra inlassablement.

Tu peux apprendre à contrôler tes pensées par le biais de la méditation par exemple.

Tes pensées tiennent une place centrale dans ton vécu. Elles forment au fur et à mesure ton état d'esprit et viennent parfois percuter les vestiges de ton traumatisme. Je vais t'expliquer pourquoi ?

Dans l'esprit, les frontières sont immatérielles, dans le monde qui t'entoure, les frontières sont matérielles. Par exemple d'un point de vue géographique des délimitations physiques existent, pour autant dans la nature, mis à part les panneaux de signalisation, rien ne signifie le changement de pays, de ville, de département, région, etc.

Comme j'ai pu l'expliquer dans un précédent chapitre, la mort se place dans la dimension émotionnelle, physique et cérébrale. Il y a deux dimensions immatérielles... Appréhender ce que tu as vécu, comme une vérité dépassée est parfois compliqué. En ce sens où tu traverses des frontières immatérielles et tu ne t'en rends pas forcément compte. Les pensées consciente ou inconsciente vont souvent piocher dans les souvenirs et mettent en marche des mécanismes de défense réactionnels et émotionnels. Ce qui est normal. Tant que l'émotion est très forte, il est difficile d'accorder la pensée avec une émotion plus douce et acceptable. Néanmoins, d'autres choses jalonnent ce chemin de l'acceptation, tel des points de repère pour s'assurer d'une transition.

Le but étant de transiter d'un état qu'on nommera A à un état B.

Comme tu l'auras compris, tes pensées sont une force créatrice. Celle-ci impacte ta vie intérieure et ta perception extérieure. Ce que tu perçois est le reflet de ce que tu es intérieurement. Les tensions qui subsistent sont le paradoxe entre ta psyché, tes émotions et le monde tel qu'il est. Entre l'immatériel et le réel. Ne t'en fait pas c'est normal.

L'acceptation est questionnant, entre lâcher prise, contrôle, renoncer. Tu te poses sûrement la question, faut-il tout accepter ? Peut-on tout accepter ?

Ces questions possèdent une source existentielle et s'accrochent-elles aussi à l'idée que la mort est effroyable. Elle sous-entend la question, peut-on accepter la mort ? Véritable question idéologique. Pour répondre à cette question, je vais prendre la question par son opposé, afin de répondre à l'acceptation de la mort. Peut-on accepter la vie ?

De manière logique, il paraît évident que oui. Pour autant, répondre oui est quelque peu simpliste. Alors je vais dérouler ce voyage en plusieurs points afin d'éclairer ta lanterne et continuer la transition de l'état A vers l'état B. Cap sur les îles de la différence, un lieu incroyable pour compléter la notion de l'acceptation.

## 1.1 Les îles de la différence :

Comme évoqué précédemment, je vais répondre à la question « Faut-il tout accepter ? Peut-on tout accepter ?».

Pour savoir si on peut tout accepter, il est important de s'intéresser à la différence. En ce sens ou la différence admet un certain nombre de points, savoir les identifié te permettra de transiter en toute sécurité sur le pont de l'acceptation.

Les deux îles se distinguent par deux idées antagonistes la vie et la mort. La vie, sources de tout, source de la création. Se sentir en vie, quel sentiment fabuleux, une émotion qui traverse tout ton être, de la joie, de l'émerveillement, voir de la beauté partout. Comme vue précédemment une pleine existence part de l'accord idéal entre le corps, le cerveau et l'émotion. Au creux de ce que tu vis, dans une harmonie idéale, là où ce que tu crées est la manifestation de ce que tu ressens, ce que tu perçois comme étant impeccable. Je vais prendre un exemple pour imager cette idée de l'harmonie bienfaisante dans ta vie. Vivre la satisfaction d'un repas où toutes les personnes que tu apprécies sont réunies. La création de cet instant où les échanges sont un instant unique, où le fait de consommer des plats délectables sont une explosion de bien être pour ton corps, où les rires sont au rendez-vous. Une création incroyable de moments de vie, qui n'ont nul égal. Ou encore lorsque tu réussis à accomplir un projet, qu'il soit professionnel ou personnel. Le moment où, de ton propre chef, tu réussis à faire aboutir cette création. Un profond ressenti d'accomplissement t'embrasse, t'embrase, t'enlace. Pour ma part mettre en forme ce livre que tu tiens entre les mains me fait ressentir ce sentiment invraisemblable, incomparable de se sentir en vie. Honnêtement qui refuserait ce type de ressenti ? Personne à mon sens.

De manière candide la vie est partout, sur cette île qu'est le monde dans lequel nous existons au quotidien. Nos continents ne sont-ils pas entourés d'eau ? Pour sûr nous sommes en vie sans véritablement le saisir. Nous sommes ici là et maintenant, sans véritablement savoir comment nous sommes arrivés à ce point-là. Tu peux faire un patchwork de tes souvenirs afin d'établir un adage de ce que tu as vécu, ou invoqué les souvenirs de tes proches, pour autant, il restera incomplet. Nos souvenirs restent toujours incomplets, ils sont des traces de vie dans ta mémoire. Si tu perçois la vie de manière enivrante, tes souvenirs seront marqués par cette teinte, si tu ressens la vie de manière terne et morose ta vie sera de cette même couleur.

Ce qui nous amène à voguer vers l'autre île, qu'est la mort. Lieux où tu as sûrement déjà séjourné lors de moment douloureux et difficile. Le temps d'un instant, quelque mois, des années peut-être. La mort s'apparente à la destruction, au chaos, au vide, à un monde rempli de peur, d'angoisse. Plutôt lugubre comme endroit n'est-ce pas.

On pourrait la décrire de manière simple, comme étant la manifestation de la destruction. Pou ragoûtant en apparence, cependant si on pose le regard sur la destruction dans le monde qui nous entoure, il est curieux de constater certaine chose. La guerre est la manifestation la plus densifiée de la destruction. Quand on regarde la guerre, nul besoin d'insister sur le fait que c'est clairement un espace macabre où se mêlent une multitude de traumatismes pour l'humanité.

Néanmoins, si on va plus loin dans notre histoire, de ces épisodes apocalyptiques sont nées les plus grandes avancées pour l'humanité. Droit de vote des femmes (1944), création de l'ONU (1945), Déclaration Universelle des droits de l'homme (10 décembre 1948).

Ces deux îles, celle de la destruction et de la création, sont clairement différentes. Les différences entre ces deux forces créent un équilibre, telle une ronde perpétuelle entre ombre et lumière, comme le jour et la nuit. La culture de cette différence est nécessaire pour permettre l'évolution.

Ramené à notre propos, celui du processus de la mort, saisir l'intérêt et la corrélation de ces deux forces, destruction et construction est important. Percevoir les différences entre ses deux pôles et comprendre que de cette différence naît l'évolution. Elle permet en outre de franchir une étape dans le processus d'acceptation. Pour imager de manière concrète, traverser la dépression, la perte d'un être cher, une douloureux émotionnelle signifie simplement que certaines parties de ton existence sont sombres et qu'elles ont besoin d'être aimées.

La dépression si elle est, prise avec attention et bienveillance permet sur le long terme de construire une nouvelle réalité. L'accepter comme une étape et non un refuge définitif passe par reconnaître ta propre évolution, ta propre différence dans ton parcours vis-à-vis du monde.

C'est reconnaître que les choses sont effectivement différentes dans ta vie quotidienne, néanmoins ça ne t'empêche pas de vivre heureux à nouveau. Je pense honnêtement que tout individue aillant vécu un traumatisme peu importe sa taille mérite de trouver cet état de bien-être. Ce havre de paix passe par la culture de la différence, au final plus tu ressentiras cette différence au quotidien, plus tu la reconnaîtras comme une nouvelle possibilité plus tu te sentiras unique et maître de ton destin.

Je t'accorde néanmoins que la différence entre l'état A et l'état B représente un certain tourbillon, ballotté entre ton corps, tes émotions et ton cerveau. Alors pour reconnaître cette différence comme bienfaisante et non déstabilisante, il faut s'assurer d'un certain nombre de prérequis, avoir des points de repère sécure comme évoqué dans un précédent chapitre afin d'explorer la nouveauté sans prendre le risque de dériver. Ce jalonnage passe par l'écoute de soi, se tourner vers des professionnels de la santé psychique si nécessaire, en discuter avec des personnes de confiance afin d'éviter une forme d'isolement.

La différence se doit de cultiver le rassemblement des perspectives, l'ouverture de la conscience sur le champ des possibles afin d'œuvrer dans le processus d'acceptation. L'acceptation se veut aux antipodes des extrêmes, que sont le rejet et l'intolérance. C'est faire le compromis entre ta peine et ta joie afin de toucher la juste place dans ta réalité.

Alors pour répondre à la question évoquée au début de cette sous-partie, il s'avère que oui on peut tout accepter. La seule chose qui fait que l'acceptation est impossible c'est l'engagement émotionnel face à l'évènement qui place le vécu dans un espace non acceptable. C'est également la colère et la tristesse qui t'empêchent d'accéder à l'acceptation. La différence quant à elle te permet de cheminer pour admettre que la différence a parfois du bon, elle permet de comprendre, de prendre des points de vue variés afin d'enrichir ce que tu es.

En revanche, il va de soi que « est-ce qu'il faut tout accepter ? » est une hérésie. Dans le sens ou, reconnaître la différence de l'autre et de soi est bien, sauf que si ça dépasse tes limites il est naturel de dire non et de se laisser du temps pour assimilé. Le but étant de procédé à une guérison saine et bienveillante, faire les choses pour les faire est contre-productif.

Je vais te raconter une anecdote vis-à-vis de la l'acceptation de la différence. Pour que tu saisisses l'idée. Quelques mois après le décès de ma mère, j'avais du mal accepter que les autres ne comprennent pas ce que j'ai traversé. Honnêtement, avec le recul je ne le comprenais pas moi-même. J'étais effondré émotionnellement et personne n'était à la hauteur pour épancher ma peine. Encore plus terrible, dans ma vie, il m'est arrivé de me dire « *les gens comprendront le jour où ils vivront la même chose.* » Lors de mes excès d'émotion, j'en venais même à souhaiter intérieurement que ça arrive à l'autre. Je n'acceptais pas ce point de vue extérieur complètement différent qui à mon sens ne prenait pas en considération ma douleur profonde. Au final, avec le recul, ce que je pensais n'avait aucun sens, j'étais tellement intolérant à cette différence que j'en devenais extrêmement méchant, aigris.

Mon incapacité à accepter ma situation, m'empêcher de percevoir la différence de point de vue comme une source d'inspiration. Pire j'en devenais aigri et méchant. Il m'a fallu un certain temps pour passer ce cap de l'acceptation et de percevoir la différence d'une autre manière. Tout s'est joué sur l'état émotionnel alors encore une fois prend soin de tes émotions dans ce périple, elles seront ton meilleur allié ou ton pire ennemie… Tout dépend si tu souhaites créer ou détruire.

Par cette anecdote, un nouveau cap apparaît à l'horizon, celui de la tolérance. C'est effectivement le prochain thème que je vais aborder.

## 1.2   Les ressources de la tolérance

Ouvrir la voie sur un avenir différent. Pourtant, il est vrai que cet avenir semble parfois tenir à un fil. Alors tel un funambule, il faut continuer le chemin, en équilibre sur le rebord du parvis entre l'horizon qui se dessine au loin et l'appel du vide sous tes pieds. Parfois l'impression que le sol se dérobe, alors que tu avais tenté de construire une nouvelle possibilité. Tu avais rassemblé le maximum d'énergie pour finalement « échouer ». Échouer est une chose relative, ce qui te semble être un échec aujourd'hui alimente ta réussite de demain. Rappelle-toi toujours de l'idée pour laquelle tu œuvres, même quand tout semble perdu. Les choses changent et évoluent en permanence. Ce chemin qui se dérobe est frustrant, grisant, décourageant. Pour autant si on regarde de plus près si tu retombes dans le gouffre de tes ténèbres tu ne retomberas pas exactement au même endroit que la dernière fois c'est impossible. Pour la simple et bonne raison qu'entre la dernière fois et maintenant tu as évolué, les choses sont différentes, tu as appris certaines choses que tu ignorais jusqu'alors.

Alors sur ce chemin, ton chemin demande le temps nécessaire à sa construction. Vivre la transcendance de la mort est possible à tout un chacun, le temps nécessaire pour y arriver dépendra de ta propre réalité, de l'attention que tu y mets et de l'intention. A ce stade tu es agriculteur de ta vie. L'agriculteur travaille dur pour récolter le fruit de ce qu'il a planté, préparer la terre, semer, arroser, mettre parfois de l'engrais, accepter de traverser les aléas des intempéries.

La tolérance se cultive tel un agriculteur. En lien avec le parcours que tu as fait, cet éclat d'énergie retrouvée qui t'a permis d'ouvrir des fenêtres. Ouvrir des fenêtres c'est semé des graines dans ton esprit, il est temps pour moi de te montrer comment les nourrir et les cultiver.

Maintenant, c'est le temps de la patience, ta propre patience et ta propre tolérance détermineront le résultat du processus. Cultiver la tolérance, c'est apprendre à accepter le sort qui parfois ne te semble pas être en ta faveur.

Comme toujours le trio, émotion, cerveau et corps sont mis au centre de cette culture de la tolérance. Le sujet ici c'est toi alors faisons le point sur ces trois données importantes en relation avec la tolérance. Qu'est-ce que la tolérance admet d'un point de vue du cerveau ?

Le cerveau donne les instructions à la perception du monde. Tolères-tu ce que tu perçois du monde extérieur ? Bien souvent le nœud se trouve ici. La tension entre ce qui est tolérable pour toi et ce que tu perçois du monde extérieur. La tolérance née de sa propre intériorité. L'intolérance du monde extérieur née d'une intolérance consciente ou inconsciente de soi. Par exemple tu ne tolères pas les gens qui parlent de manière vulgaire. Les mots perçus par le cerveau te heurtent et te choquent. Au fond tes propres codes identifient la vulgarité comme étant laide. Tu ne tolères pas la vulgarité dans ta vie alors tu ne la tolères pas envers les autres. Ton cerveau fait alors une intolérance sur ce genre de fonctionnement.

Repositionné dans notre situation face à la mort, tu auras tendance à affliger une cruelle intolérance vis-à-vis des personnes qui vivent de manières différentes quelque chose, comme évoqué dans l'anecdote précédente. Tu te sens offusqué par ce non-sens, une guerre idéologique sera sûrement présente. Dans le font cette volonté coûte que coûte défendre son point de vue dénote d'un manque de tolérance envers toi-même, es-tu tolérant envers cette manière de voir et de penser ? Bien souvent, nous sommes en otages de nos propres pensées. Des pensées qui peuvent devenir obsessionnelles. Par exemple, penser sans cesse au fait que la mort t'a volé une partie de ta vie alimente l'idée que la vie est intolérable et injuste.

La tolérance se cultive dans l'intériorité, cet espace de rencontre avec la mort, les traumatismes et autres peurs vus précédemment. Pour sûr les pensées sont le fléau de cette intolérance. Pourquoi ? La pensée telle que nous la connaissons est ancrée sur deux choses le passé et le présent. Nous émettons des pensées en relation avec notre passé ou pour anticiper un futur possible par le biais du passé vécu. Une personne ayant vécu un choc aura de fortes probabilités de rester bloquée dans cette réalité si elle nourrit inlassablement cette pensée. Elle construira par conséquent des stratégies pour anticiper le futur. Si je suis dur et intolérant avec moi-même, je le serais forcément avec les autres. Par conséquent, la pensée nourrit l'intolérance, elle nourrit le cerveau d'informations.

Alors la tolérance c'est de manière très simple reconnaître ce que tu es, ce que tu penses comme étant l'état A. Cet état A mène vers une intolérance spécifique à ta pensée, ta manière de percevoir les choses. Cependant petit à petit en cultivant cette pensée tolérante envers toi-même, en reconnaissant ta potentialité comme unique et singulière, tu construis un chomin vers l'état B. Cette transition est l'agriculture de la tolérance, tu es ce que tu es, tu as vécu certaines choses, pour autant ça fait de toi une personne unique et différente comme vu précédemment. Ça, c'est inestimable et même si tu ne t'en rends pas compte, tu as accompli énormément de choses, ne soit pas si dur envers toi-même, garde confiance dans ton potentiel.

Émotionnellement la tolérance s'accorde avec cette pensée. Je dirais même que la pensée est en relation directe avec tes émotions. Quand tu penses à un passé traumatique, des larmes de douleurs intérieures peuvent survenir. L'émotion est connectée à la pensée, je dirais même qu'elles travaillent ensemble. Nous avons une mémoire émotionnelle. Cette mémoire émotionnelle s'active à chaque fois que la pensée survient.

En étant intolérant, tu cultives une certaine colère, rancœur, violence, tristesse à l'égard du monde, mais surtout à l'égard de ton monde. La tristesse s'empare de ton être quand tu focalises sur une pensée qui te rappelle à quel point tu es en souffrance. Alors l'émotion doit tenir un accord indéfectible avec la pensée. Quand tu penses positif, ajoute un soupçon d'émotion de joie, ressent la profondément, ça ancrera la tolérance envers toi-même encore mieux. L'idéal est de combiner l'émotion de la gratitude quand tu es amené à reconnaître ce que tu es, ce que tu as fait. La gratitude envers toi-même est la meilleure culture de la tolérance. Quand tu possèdes de la gratitude pour ce que tu es pour ce que tu fais, pour ce que tu as vécu, la tolérance coule de source. L'autre n'est plus ton ennemi, mais ton collaborateur vers l'état B.

La gratitude émotionnelle c'est simplement savoir dire merci avec le cœur, peu importe ce qu'il s'est passé. Remercie-toi pour ces pensées, remercie-toi pour les gens que tu as rencontrés, peu importe ce qu'ils ont fait, peu importe la douleur ou le bonheur qu'ils t'ont fait ressentir. La gratitude est l'une des émotions les plus puissantes qu'il soit, je te le garantis.

Pour imager ce propos, je vais prendre un exemple que j'ai vécu et traversé. Pour rappel, la mort de ma mère m'a donné à vivre de multiples situations aussi inconnues les unes que les autres. Dans cet océan inconnu, découvrir ma différence vis-à-vis de ma propre constitution intellectuelle est un bon point de départ pour parler de tolérance. En effet, quand j'ai découvert que j'étais Haut Potentiel Intellectuel, je suis au départ parti en croisade contre tout ce qui était différent de ma propre pensée. Je me suis vite rendu compte que je me battais contre des moulins à vent, pour la simple et bonne raison que nous sommes tous différents. Il est impossible de convaincre un normo pensant que ma manière de penser est la bonne ou la meilleure. C'est très prétentieux et fondamentalement à l'opposé de ce que je suis. Cette guerre idéologique m'amenait uniquement souffrance et incompréhension. Je me suis alors demandé, mais pourquoi je souffre toujours autant alors que j'ai découvert quelque chose de formidable ?

La réponse était simple j'étais devenu intolérant à la différence de pensée. Je me suis alors consacré à devenir tolérant avec mes propres pensées, à gommer celle qui m'empoisonnait l'esprit. Accepter la présence de certaines d'entre elles pour petit à petit les remplacer par d'autres, bien plus douces et agréables. Par exemple, je pensais régulièrement que le monde était rempli de personne « débile » qu'ils ne comprenaient rien au sens de la vie, de la véritable puissance de l'homme, que la plupart des hommes étaient avides et dénués de bon sens, qu'il ne comprenait pas ma douleur à cause de leur aveuglement et de leur étroitesse d'esprit. Puis j'ai peu à peu toléré mes propres pensées en les poussant jusqu'à l'extrême. J'ai poussé mes différents raisonnements le plus loin possible. J'ai pris des temps de pose, puis je me suis rendu compte que ces mêmes pensées animaient une profonde intolérance. J'ai pris un pas de recul pour me dire : « AD et si tous simplement tu essayais d'apporter ta propre pierre à l'édifice au lieu de t'insurger pour tout et rien. Tu penses différemment OK, mais tolère aussi la vision des autres, elle est juste pour eux. Construit sur un maillage d'acceptation, de l'ensemble des points de vue des vécus, quelque chose de coopératif et non de destructif. » Cet exemple complète l'anecdote précédente. Aujourd'hui, je tolère la plupart de mes pensées divergentes, car elles contribuent à l'élévation, à l'évolution de l'humanité.

Tes pensées, peu importe leur nature, contribuent au développement de ce monde. Apprendre à tolérer ce que tu es, ce que tu as vécu, c'est adoucir ton monde. Ton monde a besoin d'être acceptable et tolérable pour toi et pour personne d'autre.

Une fois que tu as identifié, ciblé les pensées, le vécu qui te dérange, une autre étape se présente devant toi, celle du pardon. Un lieu bien étrange en apparence, tu verras que ce dernier est pourvu d'une force libératrice incroyable. Dans tous les cas, ne t'en fait pas tout va bien se passer.

### 1.3   Le pardon magique :

Le pardon est une notion souvent associée à une dimension religieuse. Pour sur cette citation tirée de la bible en est un bel exemple « *Pardonne-nous nos offenses, comme nous pardonnons à ceux qui nous ont offensés.* » *(Mt6,12)*. Si tu as suivi une éducation religieuse, tu reconnaîtras ce passage, si ce n'est pas le cas, peu importe.

En tout état de cause, je ne fais en aucun cas l'apologie d'une religion en particulier. Mon positionnement vis-à-vis de la religion est plutôt simple si tel est ta question. Pour moi les religions font partie des textes pionniers en termes de développement spirituel ainsi que d'éducation populaire. Par exemple les sept péchés capitaux étaient une manière d'inculquer aux gens un savoir-vivre en société, ou encore le fait de ne pas manger du porc de la part des musulmans, relève simplement d'une réalité ou à l'époque le porc constituait un danger pour ses consommateurs. En effet, le porc est une viande, si elle est mal conservée et mal cuite qui peut se révéler dangereuse pour notre santé. En résumé, les textes religieux sont pour moi une manière d'initier l'humanité au savoir-vivre, ils existaient avant même que l'école ne soit obligatoire.

Revenons à notre pardon, de nos jours, là où le monde est à feu et à sang, pardonner semble bien difficile. Ramener à notre propos, pardonner au sein du processus de la mort est une dimension qui vient toucher en plein cœur. Un potentiel conflit dans ton être fait rage. Pour rappel, tu es au cœur de l'acceptation. La différence et la tolérance, deux aspects qui te conduisent tout droit à la notion du pardon. Si on reprend le fil conducteur, reconnaître sa différence et la tolérer sont libérateur d'un certain poids dans le vécu. Cependant, en admettant que tu aies franchi ce cap, il subsiste des notions clefs. Le pardon est la clef de voûte qui fera certainement s'effondrer un paradigme, peu importe, je vais t'accompagner pour désamorcer ce dernier.

Peut-on tout pardonner ?

Véritable question, pour répondre à ce sujet, je vais partir de son point antagoniste. C'est-à-dire du postulat où tu n'accordes aucun pardon. Pour sûr, je vais faire un lien avec un livre qui m'a été d'une grande aide « *Les quatre accords toltèques de Miguel Ruiz* ». L'auteur parle d'un poison émotionnel que nous répandons au sein de notre vie, part des accords que nous passons avec nous-même. Pour reprendre cette idée quand tu ne pardonnes pas, tu te fais du mal. Tu remplis ton existence, de colères, de remords, de tout un tas de pensées et comportement destructeur dirigés vers un objet. Cet objet peut être une personne, un groupement de personnes... En proférant des propos du genre : « Je ne lui pardonnerai jamais ce qu'il a fait, c'est une personne abjecte qui aime faire du mal aux gens. » En soi, tu as peut-être raison ou peut-être pas, tu n'es pas dans sa tête, tu ne connais pas son point de vue, comment il a pu ressentir les choses. Pour autant la seule personne qui en souffre véritablement c'est toi. Est-ce qu'être en guerre contre quelqu'un a déjà résolu un quelconque problème ? De plus si on le ramène à notre sujet principal, la mort, la destruction d'une situation comme on a pu le voir précédemment, permet de créer quelque chose de nouveau. Alors, conserver la volonté de ne pas pardonner va à contre sens de tout le parcours que tu as fait, c'est contre-productif et tu te fais du mal.

Honnêtement réussir à pardonner véritablement et profondément est libérateur, encore mieux c'est une véritable arme. Imagine, tu te présentes face à la personne qui t'a fait le plus de mal dans ta vie, tu es dans un pardon le plus total. Cette même personne se sentira tellement bête et prise au dépourvu d'une réaction totalement décalée de ce qu'elle a sûrement pu connaître. Parce que si elle a fait ce qu'elle t'a fait, elle fait sûrement pareil avec les autres. Quand bien même cette personne daigne consciemment reconnaître les choses, l'inconscient sait. La puissance du cerveau est sans égal, l'inconscient représente près de 90% de ta vie, alors soit certain que ce pardon aura son impact. De toutes les façons le but est de t'alléger toi. Pour rendre ton existence agréable, et moins douloureuse.

Je vais te raconter une petite anecdote. J'en ai longtemps voulu à ma sœur, la raison était simple. Dans le déroulé de l'enterrement de ma mère, il y a eu deux étapes comme si une seule ne suffisait pas. Tu te demandes sûrement pourquoi et comment est-ce possible ? Je t'explique, notre souhait était qu'elle puisse être enterrée dans son village d'enfance, auprès de son père. Sauf que nous n'étions pas résidents du lieu où on souhaitait l'inhumer, on nous a refusé d'ouvrir une concession à notre nom. Ma tante, qui habite cette commune, a alors pris la décision d'en ouvrir une à son nom. Comme nous avons pu le voir dans un précédent chapitre, quand survient l'évènement le temps presse et le système bureaucratique créé de nombreuses déconvenues et autres désagréments dans le vécu du deuil. C'est quand même questionnant ce manque de souplesse, afin de respecter la volonté des familles endeuillées. Ce qui est dingue c'est que même mort on se doit de remplir certains critères pour être mis en terre là ou on le souhaite. Enfin bref, le délai pour construire le caveau était de deux semaines. Alors ma mère a été mise dans un caveau provisoire puis quelque temps plus tard, elle a été transférée dans le définitif.

Ce qui m'a aussi bouleversé, c'est la découverte du vol même dans les cimetières. Oui oui, la plupart des fleurs ont été dérobées entre la première et la deuxième cérémonie. J'ai trouvé ça abject. Chargé d'émotions, j'en ai terriblement voulu à ma sœur. Pourquoi ? J'ai assisté aux deux cérémonies, j'ai vécu deux enterrements pour une seule et même personne. Ma sœur est venue uniquement à la première. Je me suis senti terriblement seul dans cette épreuve où même ma grande sœur avait fui la situation. Je lui en voulais profondément. J'ai fini par lui en parler et discuter de cette situation avec elle.

Elle m'a expliqué que c'était trop dur pour elle de revivre ça une deuxième fois. J'ai compris puis j'ai pardonné, du fond de mon cœur, ça m'a pris du temps, pour autant ça m'a véritablement libéré d'un poids. Le poids de porter seul le vécu émotionnel de la mort de ma mère. En soi, c'est moi et moi seul qui ai accepté de porter ce poids sur mes épaules, alors pourquoi en vouloir à ma sœur ça n'avait aucun sens. Au contraire, ça bloquait le processus d'acceptation du vécu, ça animait une colère envers ma sœur que j'aime tant.

Alors oui le pardon demande un temps nécessaire, le temps effectif pour comprendre et vivre l'ensemble des étapes précédentes. Expérimenter l'ensemble du vécu précédent est essentiel. Te construire un vécu acceptable face à la situation pour que le pardon te semble une évidence. Tant que le pardon est pétri de fiel, lorsque cette notion t'est évoquée, c'est qu'autre chose bloque l'accès. Alors reprend ton vécu afin de construire un tuilage efficient, pour placer ce pardon au creux de ton cœur dans un espace où l'émotion est libératrice et non salvatrice d'une colère, d'une haine.

N'oublie pas que le pardon est dans le cœur, dans l'émotion et non dans le cerveau, dans le mental. Le pardon n'est pas une faiblesse au contraire. C'est une noblesse du cœur, de ta propre humanité face à la violence que peut te procurer la situation vécue.

Garde en tête que tu ne pardonnes pas pour les autres, mais seulement pour alléger ton vécu d'un poids bien trop lourd.

*« Ramasse les pierres qui te sont jetées afin de construire un pont vers la quête d'un nouveau monde. Les mettre dans sa besace c'est alourdir son baluchon et finir telle une statue bloquée par le poids des années. »*

## 2. La quête d'un nouveau sens :

Là ici et maintenant, au pas de la porte de l'acceptation, après avoir franchi les marches de la différence, de la tolérance et du pardon te voici fin prêt à amorcer la quête de ce nouveau sens. Qui est-il ? Une question intéressante.

Avant de répondre à celle-ci, il est temps de marquer une légère pause. Un petit bilan de parcours.

Un instant de trêve, un petit bivouac afin de contempler le parcours déjà réalisé. Prends un petit instant pour y répondre c'est important. Tu peux écrire directement sur l'espace dédié ou prendre un autre support, peu importe. Ce petit exercice te prendre 5 min tout au plus.

1. Que tires-tu du cheminement effectué jusqu'alors ?
2. Où en es-tu de ton deuil, de ton processus ?
3. Que ressens-tu ?
4. Comment perçois-tu les choses ?

Ces petites questions sont simplement là pour te donner la possibilité de faire l'inventaire, savoir comment tu te sens au travers des différents concepts, idées, évoquées précédemment. Pour rappel, ce n'est pas une course contre la montre, chaque étape à besoin de son temps de réflexion, maturation, d'expérimentation. Appréhender les choses à son rythme est essentiel.

Pour répondre à la première question « qu'elle est ce nouveau sens ? », en y réfléchissant de manière intuitive, l'acceptation de la situation initiale semble en bon chemin.

Pour autant au fond de toi, il doit y avoir ce léger sentiment, ou sous forme de question, ou réflexion du genre. « *C'est bien beau ces grandes phrases et grandes théories, pour autant ça ne m'avance pas vraiment sur le fait que les choses n'ont plus aucun sens, je me sens perdu au milieu de ce flot d'informations, de directions possibles.* » Le nouveau sens se trouve ici. Désormais, dans le processus, ta conscience s'est élevée, tu as peut-être appris de nouveaux concepts.

Tu as sûrement déjà ressenti ce moment, où tu es dans une saturation mentale d'informations. Comme quand tu sors d'une journée de travail, ou d'un cours, que ta tête est en feu et il t'est impossible de réfléchir. C'est précisément là qu'il se passe quelque chose. Ce moment où tu ressens que ce qui se joue aura un impact, mais qu'il est encore impossible de savoir dans quelle mesure.

Là, à cet instant, appréhende simplement ta vie intérieure qui se met en mouvement. Un sentiment d'apaisement ? De résistance à ce qui vient d'être dit ? Peu importe, tu l'expérimenteras par toi-même.

Accepter simplement que ce mouvement au tour de la mort vienne toucher des dimensions importantes. Le fait que certaines choses reprennent leur juste place. Expérimenter, vivre le vécu traumatique, toucher du doigt tes émotions, tes fonctionnements, te donne à voir par un certain prisme.

Ces fonctionnements peuvent être cognitifs, physiques, relationnels. Une perception de toi, des autres, du monde, de la mort, qui en outre était violente pour toi. En soi, aujourd'hui tu as peut-être l'impression que ton état n'a pas changé, pour autant chaque jour est la possibilité de venir compléter ce que tu es. Un être qui ne sait pas grand-chose, car tu es et resteras un fragment de connaissance.

Aucune personne ici-bas ne possède la science infuse. Alors cette puissance qu'est ton cerveau est une chose merveilleuse pour matérialiser la vie sur terre. Néanmoins, elle possède ses limites. Limitée par le temps qu'est la vie elle-même. C'est un outil pour vivre et non un dogme.

Par contre là où il est possible de toucher une vérité absolue c'est dans le monde des émotions, de la sensibilité, du social, de l'humaine. Pour la simple et bonne raison qu'une émotion n'a nul besoin de se justifier par une théorie quelconque.

On peut expliquer l'impact d'une émotion sur le cerveau, et le corps, mais elle reste qu'une explication pour théoriser quelque chose qui est propre à chacun. Rappelle-toi à quel point ton émotion de tristesse pouvait être grande, seul toi détenais la vérité de cette tristesse. Le cerveau et le mental sont là pour donner une explication rationnelle. Le fil de la rationalité, de l'explication de la justification peut se dérouler à l'infini.

Dans un espace quantifié, mentalisé, il n'y aura jamais de vérité exacte. Alors qu'une émotion aura toujours une vérité exacte à l'instant présent. C'est une des seules choses qui donne la possibilité d'être et d'exister dans un sentiment de justesse envers soi et les autres. N'est-il pas juste de sentir la joie, l'amour, la gratitude. Ces choses procurent une sensation de vie exquise. C'est par des émotions élevées que se dessinent un nouveau sens.

L'apprentissage des émotions te permet de reprendre la main sur un grand nombre de dimensions dans ta vie. Elles sont la naissance de tout. Pour te le prouver, tout ce que tu achètes et consommes vient de l'émotion. Oui, oui les spots publicitaires te vendent de l'émotion.

Tu intellectualises ces mêmes émotions et tu déclenches l'achat. Je l'ai résumé de manière succincte, mais l'idée est là. Savoir traiter, comprendre et vivre pleinement ses propres émotions te permettra de traverser n'importe quelle épreuve dans ta vie. Tu seras bien moins empreint à la manipulation, aux accès de colère, aux réactions impulsives, etc. Tu donneras un tout autre sens à ta vie.

C'est de là que commence le point de départ d'un nouveau sens. Alors les choses sont-elles différentes ? Tolères-tu cette nouvelle réalité ? La liberté du pardon est-elle à ton goût ?

Tu ne l'as peut-être pas remarqué, je mets le doigt sur une donnée essentielle. Les émotions seront toujours la vérité, les fonctionnements cognitifs seront toujours approximatifs. La quête du nouveau sens est en définitive la perspective de pouvoir, créer une réalité qui admet une juste place et une certaine harmonie dans le vécu au travers de tes propres émotions. Je vais de ce pas t'expliquer de quoi il s'agit.

## 2.1. La juste place :

Comme évoqué en début de chapitre, quel a été le résultat de l'inventaire ? Dans l'instant présent qu'est-ce que t'évoque cet évènement qui a bouleversé ton existence ? Prends le temps nécessaire d'y répondre. Est-il à une place juste ? J'insiste là-dessus, prends le temps d'y répondre, c'est pour toi que tu le fais.

La juste place est l'idée de réussir à positionner cet évènement à une place qui te convient. L'idéal est une place unique, ni trop loin, ni trop près. Trop loin signifie que ton esprit a enfoui ce souvenir dans un inconscient coupé de toute sa valeur émotionnelle. La volonté d'oublier un passé parfois lourd à déterrer. Un évènement profondément enterré dans les limbes de ton obscurité, c'est lui laisser la possibilité de prendre le contrôle de ton cerveau et tes actions. Pour sûr, c'est comme jeter un bidon de poison dans un lac, il se diffuse petit à petit dans ton esprit. Les jours de mauvais temps, l'eau devient si trouble et fait remonter ce poison impossible de s'y baigner. Les jours de beau temps, l'eau te semble plus claire et belle pour autant le bidon est toujours là quelque part. Trop près signifie que l'esprit place l'évènement dans un vécu émotionnel, encore très intense. Une profonde douleur et souffrances, le choc est encore imbriqué dans une dynamique traumatique. Il est certes accessible dans le conscient pour autant, il te prend en otage de toute la torpeur qu'il comporte. De la tristesse intense se fait ressentir.

En soi, le trop loin et le trop près ne sont ni bon ni mauvais. Chacun son rythme pour traiter et placer son propre vécu à une juste place. La juste place admet de pouvoir penser le choc comme un évènement, ni traumatisant pour l'émotion, ni déconnecter de tout. La juste place fait émaner une forme de sérénité face au choc initial. Cet équilibre est le résultat combiné entre le chemin parcouru dans l'obscurité, et la volonté de créer une nouvelle réalité. Que dit ton cerveau, ta pensée quand ce souvenir vient à toi ? Que dit ton émotion ? Que fait ton corps en ce moment ? Les trois sont-ils OK ? À l'instant présent toi seul peux déterminer ou dire si cette juste place est d'actualité. Petit indice, le trio Cerveau, émotion, corps sont des points de vigilance pour reconnaître ton état actuel. À toi de jouer. Deuxième indice, s'il te semble qu'un des points est encore fragile, aucune crainte, aucune hâte, chacun a son rythme.

Dans le cas où tu doutes d'être OK avec ce vécu traumatique, je t'invite à relire certains passages des chapitres précédents. Pour voir où ça peut bloquer, à quelle étape tu es. Honnêtement j'ai mis trois années à faire de mon vécu une réalité différente, pour le positionner à la juste place. Parfois embarqué par la volonté d'aller vite et d'en finir rapidement, je brûlai certaines étapes et dénigrai l'importance de prendre le temps. Prendre le temps ne signifie pas en perdre.

Le cerveau, l'émotion et le corps ont des perceptions du temps sensiblement différentes. Le cerveau, la pensée, le mental désirent aller vite. Ils sont fulgurants, instantanés. Le corps lui est plus lent, il est impossible d'agir dans la matière de manière immédiate. Prenons un exemple, tu penses à faire un marathon, cependant il faut d'abord s'entraîner pour enfin réaliser cet objectif. Courir sans entraînement relève de l'inconscience. L'émotion quant à elle permet de faire le pont entre la pensée et le corps.

L'entraînement à courir un marathon te fera traverser de nombreuses émotions, de la douleur, de la joie, de la tristesse des doutes, etc. Le jour où tu réaliseras cet objectif, les trois seront alignés. Là l'émotion de finir ce marathon sera intense, fierté, joie, bonheur, ton corps sera prêt et répondra présent. La pensée quant à elle sera satisfaite. Tu te souviendras du chemin parcouru pour réaliser cette pensée. Écoute une interview de sportif de haut niveau, beaucoup parle du chemin, de l'entraînement nécessaire, pas seulement la victoire. La victoire est le résultat du parcours emprunté. Alors prend le temps nécessaire c'est du temps gagné à l'arrivée.

Tu saisis l'idée de la juste place ? Cela dit, si jamais tu te sens submergé par ton vécu, fais appel à des professionnels de santé. Ils sont là pour t'aider et t'accompagner dans ta démarche de mieux-être.

Arrivé à ce niveau, la juste place nous amène à aborder une autre subtilité. Le sens de l'harmonie, le thème de la prochaine partie.

## 2.2. Le sens de l'harmonie :

L'harmonie d'une fanfare est à la hauteur de la juste mesure. L'harmonie est un doux l'équilibre. Dans notre sujet je le définirai de cette manière. Un état dans lequel tu es en pleine possession de tes moyens, en conscience dans un moment déterminé. Il se ressent au moment du vécu et se manifeste par ta manière d'agir dans l'instant. Je vais prendre un exemple, quand tu penses à un évènement tragique dont tu as eu la chance de vivre. Qu'elle est ton ressenti à ce sujet ? Comment réagis-tu face à l'invocation de ce dernier ? Comment tes structures psychiques, émotionnelles et physiques tiennent ?

Ce positionnement harmonieux se travaille au fil du temps par le biais des étapes précédentes. En outre cet équilibre se fonde sur cette trivialité entre ton corps, ton cerveau et ton émotion. Cet équilibre est le juste dosage entre ces trois dimensions. Là où tes émotions sont libres de vivre, s'exprimer et te guider. En soi elle n'exclut pas la tristesse, la colère et autres émotions dites « négatives » au contraire. Elle se positionne comme un signal d'alarme, une manière de rendre compte de ton état.

Accueillir, comprendre pour réajuster. Là où ton fonctionnement cognitif n'est nullement une entrave par ta manière de penser, au contraire ton cerveau est un organe illimité, tu peux chaque jour alimenter ton cerveau de nouvelles connaissances. Tu passes bien des heures à scroller sur les réseaux sociaux.

Que tu le veuilles ou non, ce sont des informations qui entrent dans ta tête. Là où tes actions sont le reflet d'une symbiose entre ce que tu penses, ce que tu ressens, là où le corps et l'esprit agissent ensemble pour la même cause, la création de la vie que tu souhaites voir apparaître. L'équilibre recherché est en perpétuelle évolution, changement, il est parfois difficile de suivre le rythme effréné du monde qui nous entoure, le rythme des pensées que nous pouvons avoir et pour les plus sensibles le rythme incontrôlable des émotions.

Pour autant tendre vers une expertise de soi est une des clefs pour transcender la mort. Alors, accorde-toi la possibilité de croire que chaque jour qui passe te mène vers une nouvelle compréhension. Tout dépend de l'intention que tu accordes à ta propre harmonie, à ton propre équilibre. Entre ton corps, ton cerveau et tes émotions. Rappelle-toi simplement que désormais tu possèdes un nouveau sens. Celui d'avoir conscience de l'harmonie de ta propre tri-dimension.

Tu verras qu'avec le temps et de l'attention envers toi-même tu développeras ce nouveau sens de l'harmonie. Un sens où rien n'est laissé pour compte, où chaque chose que tu vis qu'elle soit douloureuse ou joyeuse, t'amène vers une nouvelle compréhension élargie de toi et du monde.

« *Ta vie n'est en aucun cas parfaite, elle est simplement à la hauteur de la valeur que tu lui accordes. Sa symphonie est la juxtaposition de désaccord pour former un accord indéfectible entre toi et toi. Son harmonie règne dans l'accord du désaccord, dans le fait d'écouter le silence entre deux notes. Le tout est de te synchroniser sur la fréquence du toi qui te fait vibrer, pour libérer ses notes d'un fardeau parfois lourd à porter.* »

## À retenir :

### Le pont de l'acceptation :

- L'acceptation est cette vision du monde en deux îlots distincts. Cette balance entre deux-points sensiblement différents, qui amènent une tension par la double réalité qu'il comporte. L'acceptation résulte de différent biais, la culture de la différence, la culture de la tolérance et le pardon.

- La culture de la différence c'est reconnaître soi et l'autre étant comme deux individus singuliers sans pour autant incriminer l'autre pour ce qu'il est, ce qu'il pense. Au contraire, nourrir de cette diversité pour explorer d'autre réalité potentielle.

- La tolérance vient compléter la question de la différence. C'est admettre cette autre réalité comme étant une vérité singulière.

- Le pardon quant à lui c'est mettre en guérison soi et les autres pour tous les potentiels manquements faits. Car qu'on le veuille ou nous nous faisons au mieux avec ce que nous sommes à l'instant présent. Pardonné à soi et à l'autre de la tension mise dans la relation par exemple.

### La quête d'un nouveau sens :

- La juste place est l'idée de positionner l'ensemble de ton vécu dans un espace qui lui est propre. Ni trop loin ni trop près de ta réalité. Afin que ce lien indéfectible dans la triade nourrisse ta réflexion, ton énergie, tes actes. Cette juste place permet de tendre vers un équilibre global dans ton existence. La ou les choses coïncident merveilleusement pour aller vers cette autre réalité.

- La quête de l'harmonie vient compléter le chemin de la juste place. En ce sens où trouver une certaine harmonie dans l'organisation de ton être est la clef pour créer cette nouvelle réalité. Qu'est ce qui te semble juste, beau, qui te fait vibrer ?

# Chapitre 6 : Intégrer sa pleine puissance.

Arriver à ce stade est quelque chose d'incroyable. En ce sens où il te reste une dernière marche pour terminer ton ascension. Pour sûr, le dernier point d'ancrage est cette notion d'acceptation, avec les subtilités qu'elle comporte ; la différence, la tolérance, la quête d'un nouveau sens. De façon optimiste, je considère que si tu lis ces lignes c'est que tu as fait le choix de continuer le cheminement. Félicite-toi d'avoir pris le temps de lire, c'est déjà une preuve de l'intérêt que tu portes à ton égard.

L'intégration du processus est à ce stade quelque chose de plutôt stable. En effet, tu ne t'en rends peut-être pas compte, mais tu es sur le pont de cette nouvelle réalité. Tu doutes d'y être parvenu ? C'est normal, comment être sûr de vivre à 100% quelque chose de différent. Je vais dérouler le fil d'Ariane pour te conduire tout droit vers l'exploitation de ton plein potentiel.

Le programme te plaît ? Alors, allons-y. Aucune crainte, tout va bien se passer.

Pour commencer ce chapitre, je te propose de faire un petit exercice qui te prendra 5 minutes.

Prends un papier et un crayon et pose-toi afin de compléter cette petite carte mentale.

Je te mets ci-dessous un exemple.

Tu peux écrire directement dessus, la reproduire ou l'adapter, à ta guise. La forme importe peu, l'important c'est le fond et l'intention que tu y mets. Pour le réaliser, il te faudra deux crayons de couleurs différentes.

**Les sphères du possible :**

Pour cet exercice, indique dans chaque espace ce qui te vient à l'esprit, utilise une première couleur pour remplir les sphères.

Je vais te donne un exemple pour te guider dans cet exercice.

**Mes émotions acceptables :**
- J'accepte mes émotions de joie
- J'accepte mes émotions de surprise
- J'accepte mes émotions de sérénité

..............

**Mes capacités physiques :**
- Je suis capable de faire n'importe quel sport
- Je suis capable d'écrire un livre
- Je suis capable de m'alimenter sainement

..............

**Mes pensées lumineuses :**
- Je pense à écrire un nouveau livre
- Je pense à découvrir de nouveaux sujets.
- Je pense ma prochaine destination de voyage

**Mes émotions acceptables :**
..............................
..............................
..............................
..............................

**Mes capacités physiques :**
..............................
..............................
..............................
..............................

**Mes pensées lumineuses :**
..............................
..............................
..............................
..............................

### *Les sphères de l'impossible :*

Pour cet exercice, indique dans chaque espace ce qui te vient à l'esprit, utilise une deuxième couleur pour remplir les sphères.

Voici un exemple pour t'aiguiller :

**Mes émotions inacceptables :**
Je n'accepte pas ma colère
Je n'accepte pas certaine peur
Je n'accepte pas être contrarié

**Mes incapacités physiques :**
Je suis incapable de courir un marathon
Je suis incapable de lire un livre en une journée.
Je suis incapable d'écrire sans faute

**Mes pensées sombres :**
Je pense être un imposteur
Je pense que je suis insatisfait
Je pense souvent à la mort

**Mes émotions inacceptables :**
..................................
..................................
..................................
..................................

**Mes incapacités physiques :**
..................................
..................................
..................................
..................................
..................................

**Mes pensées sombres :**
..................................
..................................
..................................
..................................
..................................

### ***Les sphères de la pleine puissance :***

Pour la troisième partie, il est maintenant question de faire la synthèse des deux premiers schémas.

Pour se faire, utilise les deux premières couleurs utilisées précédemment et sers-toi de celles-ci pour répartir la place que prend chacune des dimensions.

Voici un exemple en relation avec ce qui est mentionné précédemment.

Émotions :
30% Inacceptable
70% Acceptable

Physique :
20 % Incapacité
80 % Capacité

Pensées :
50 % Sombre
50 % Lumineuse

**Émotions:**
....% Inacceptable
....% Acceptable

**Physique:**
....% Incapacité
....% Capacité

**Pensées:**
....% Sombre
....% Lumineuse

Ces différents cercles permettent d'imager les espaces de ce qui est acceptable, faisable ou non pour toi. Comme tu te doutes que la psyché, le physique et les émotions sont interconnectés, les espaces de rencontres entre chacun d'entre eux représentent les espaces de connexion entre chacune des dimensions. L'espace central est le lieu où les trois dimensions se réunissent.

Maintenant à toi de jouer pour construire ce qui est acceptable ou non pour toi. Cette synthèse schématique nous amène tout droit à la prochaine partie.

### 1. La route de la pleine Puissance

Pour reprendre le dernier exercice, là où tu as balisé certaines limites dans ton fonctionnement, il apparaît dans ce dernier schéma, là où vient se rencontrer ta propre répartition entre ce qui te semble lumineux et bien plus sombre de ta personne.

Je vais m'appuyer sur celui-ci pour introduire ce qu'est la pleine puissance. Pour reprendre, le déroulé du processus je mets une grande attention sur les dimensions sombre, car elles sont selon moi les clefs pour transcender ta réalité. Les échecs, les traumatismes, les peurs, les angoisses sont non pas ton ennemie, mais au contraire les témoins de dimensions bloquées au cœur de ta personne. Les identifier, que ce soit quantitativement ou qualitativement, te donne un aperçu des limites présentes à l'heure actuelle. Ce livre repose sur l'idée que la mort est une porte ouverte vers autre chose. Pour autant il faut t'atteler à oser regarder certaines vérités en face, malgré les douleurs physiques, émotionnelles, psychiques que celles-ci peuvent provoquer. C'est en ça que construire un socle sécure est important afin de te prémunir dans ton cheminement. La part d'ombre et de lumière, de créativité et de destruction, de possibilité et d'impossibilité témoigne de ce juste équilibre dans le proccssus même de la vie.

Alors tu te demandes ce qu'est la pleine puissance. Patience, j'y viens. Étant donné que tu as balayé les contours de ton sombre, de l'état de choc en passant par la tristesse, te voici désormais capable de composer avec ces aspects-là, ou du moins d'en appréhender les contours. Pour rappel, les aspects dits « négatifs » seront toujours présents, néanmoins la manière dont on les aborde change véritablement la donne sur ton processus de guérison.

Maintenant, j'aimerai avec toi, développer l'animation de ta propre vie. Se sentir animé par une profonde vitalité, par l'existence elle-même en dépit du chaos, tel est le prochain point sur ta route.

## 1.1   **Animer ton existence :**

L'animation de ton existence est la lumière dans la caverne. Pour imager les contours de cette idée, je vais te demander de faire appel à tes souvenirs. Repense au toi enfant, cet enfant insouciant qui s'animer à la moindre lueur de vie. La seule chose à laquelle il pensait, était de savoir à quel jeu il allait bien pouvoir jouer à la prochaine récréation. Cet émerveillement à toute épreuve, la découverte d'un coquillage sur la plage devenait un véritable trésor, un bout de bois était la plus belle des épées, un gribouillage sur un bout de papier et tu te sentais être le plus grand artiste. J'ai toujours été fasciné et émerveillé par la vie étant jeune, puis plus tard j'ai retrouvé cet état d'émerveillement, cette innocence en travaillant auprès d'enfants. Je crois que j'ai réellement été transpercé par cette projection à la vie lors de mon premier voyage au Sénégal. Je vais te témoigner cette expérience afin que tu en saisisses le sens.

L'association humanitaire avec laquelle je suis parti œuvrer auprès d'enfants dans les écoles. J'ai eu la chance et l'occasion de faire de l'initiation sportive autour du handball. J'ai été stupéfait par leur émerveillement d'apprendre et de découvrir une nouvelle pratique sportive. Les séances étaient simples avec peu de moyens, trois bouts de bois pour faire des buts, des lignes tracées à la main dans le sable. Dans leurs yeux, un bonheur inouï en dépit des conditions dans lequel ils pouvaient vivre. La manière dont ils étaient réceptifs était vraisemblablement ce que je n'arrivais pas à atteindre en France. C'est à ce moment-là que j'ai compris quelque chose de l'émerveillement et l'animation de l'existence. Cette action aussi infime soit elle en dépit de toute condition matérielle qui vient éveiller en soi et chez les autres un sentiment unique.

Cela grave cet instant présent au cœur d'un espace-temps sans fin. Un espace où le cœur se remplit d'une joie indescriptible que le mental ne saurait expliquer. Une animation de la vie totalement unique.

Tu te demandes ce qui profondément anime ton existence ? Qu'est-ce qui met en lumière ton existence ? Qu'elle est cette émotion, ce ressenti unique ?
Quand j'écoute les adultes de notre temps, j'entends souvent des perceptions de cette animation au monde cloisonné dans des projections très matérialistes. En d'autres termes, il faut avoir une belle maison, une belle voiture, de l'argent, de la notoriété, de la réussite, une famille, etc. Tout un tas de projections conditionnées pour ressentir cette animation, cette vie intérieure. En grandissant, tu as conditionné ta propre animation à la vie. Dû à de nombreuses raisons, répondre à certaines exigences sociales, familiales ou encore pour te sortir de certains climats traumatiques… Finalement on nous enseigne de bien rester sur le chemin indiqué et tracé, que la solution se trouve à cet endroit-là.

Cependant, quand on regarde un enfant en pleine effervescence, il n'a besoin d'aucune condition pour se sentir animé et plein de vie. Il passe du rire aux larmes en une fraction de seconde. Un enfant a simplement besoin d'un entourage social qui soit stimulant, sécurisant pour son développement.

Cette projection à la vie est carrément frappante, parfois en dépit de certaines situations. Une étude américaine a démontré que l'enfant est naturellement altruiste. Ce qui montre belle est bien qu'un enfant est ouvert à la vie. Alors qu'est-ce qui rend l'adulte si imperméable à la vie ?
Je dirais de manière très spontanée, l'ensemble des étapes du processus de la mort non guéries, des

traumatismes non soignés, des blessures de vie non pansées. En d'autres termes, un enfant intérieur oublié, blessé, matraqué par le dictat de rentrer dans le moule. Mais honnêtement la vie est une grande cour de récréation. Les adultes sont simplement des enfants qui jouent avec de plus gros jouets. Ils jouent désormais avec de grosses voitures, de grandes maisons, font du troc du commerce, tentent de devenir les plus puissants de l'école en possédant encore et toujours plus. Tout ce que nous faisons nous retrouvons exactement les mêmes choses dans les cours de récréation. Tout est une question d'échelle et de proportion.

Pour autant un enfant qui tombe et se blesse ne l'empêchera pas de recommencer à moins que la peur vécue lors de la chute soit plus importante que le désir d'une nouvelle expérience et encore. Pour exemple de mes 0 à 6 ans je me suis ouvert la tête, l'arcade, la lèvre, cassé deux fois le bras et bien d'autres égratignures dont je ne me souviens plus.
Au final, quand on y réfléchit, la seule chose qui anime un enfant c'est le désir. Le désir de découvrir, de vivre une nouvelle aventure en étant un pirate, une princesse ou un cosmonaute. C'est ça qui anime l'existence, le désir de vivre des expériences en dépit du résultat. Ceci est l'essence même de la projection à la vie et le désir.

## 1.2 **Le désir**

Pour définir de manière simple ce qu'est le désir dans l'animation à la vie je vais m'appuyer sur la définition donnée par le Dictionnaire et une citation de Spinoza un célèbre philosophe Hollandais :

Désir : Nom masculin
1. Tendance qui porte à vouloir obtenir un objet connu ou imaginé. *Exprimer, formuler un désir.*
2. Tendance consciente et suscitée par quelqu'un aux plaisirs sexuels. Éprouve du désir pour quelqu'un.

*« Le désir est l'essence même de l'homme, en tant qu'on la conçoit comme déterminée, par suite d'une quelconque affection d'elle-même à faire quelque chose. » Spinoza.*

La première définition du dictionnaire vient soulever le fait que le désir est une projection à vouloir obtenir quelque chose ou quelqu'un d'un point de vue physique. Spinoza quant à lui exprime le désir comme étant l'émanation de la puissance. La force de pouvoir désirer quelque chose, ou quelqu'un est en définitive l'amalgame entre la triade corps, cerveau et émotion. Car le désir se passe dans un premier temps dans le cerveau dans la tête par le biais de l'imagination, de la création d'une réalité interne, pensée et quelque part fantasmée. Cette même pensée vient par pierre de coup animer l'émotion de son hôte. Cette vibration émotionnelle, en fonction de sa nature, donne naissance à l'action ou l'inaction.

L'animation de la vie est faite de ce désir. Le désir de créer, de vivre des expériences, peu importe les conditions. L'enfant détient ce désir candide et innocent, qu'il fait vivre avec une émotion incroyable et dont le résultat importe peu finalement. Le pouvoir du désir est cette force qui mène tout droit à la pleine puissance.

Si on reprend le fil de l'épopée de la mort, honnêtement pourquoi la plupart des enfants sont bannis et proscrits des enterrements ? La peur qu'ils soient choqués, traumatisés ? La peur de l'adulte face à sa propre vulnérabilité ? Pourtant quand un enfant croise un animal mort son premier réflexe est de le toucher, mais l'adulte dit « Beurk touche pas ça c'est plein de microbes, c'est caca. »

La mort est partout au tour de nous, nous vivons dans un climat de guerre et de combat permanent. Est-ce que la réaction spontanée de l'enfant à toucher la mort n'est pas le témoin de ce désir de découvrir ? Comme je l'ai évoqué précédemment, l'essence même de l'animation du désir réside dans la volonté de découvrir, d'expérimenter. L'adulte que tu es, est le témoin de l'enfant que tu as oublié de réconforter, de soigner.

Un enfant oublié crée des désirs compulsifs, frénétiques, pathologiques. Il se manifeste dans la vie en prenant des risques, la période de l'adolescence en est le témoin. Le développement de l'adolescent est très intéressant dans cette manifestation du désir. Le désir de rompre avec les idéaux parentaux, afin de s'émanciper. Durant cette période l'adolescent fait tomber le voile de son enfant oublié. Pour autant il comprend aussi qu'il est un adulte en devenir. Tout au long de notre existence, nous sommes percutés par des désirs de vie. On parle bien de la crise de la quarantaine, de la cinquantaine, etc. Ce désir de rompre avec une réalité, qui ne laisse aucune place au désir profond de l'animation à la vie. S'embourgeoiser c'est bien, c'est sécurisant pour autant le désir de vie n'a aucune condition pour s'exprimer. Simplement l'adéquation entre ton cerveau, ton cœur et tes actions physiques.

Rester dans un désir conditionné amène à certains comportements contre-productifs. En ce sens où un désir cloisonné devient la plupart du temps autocentré, généré pour répondre à une situation de survie, pour répondre au rêve de la société projetée et créée depuis tant d'années. Cela crée un individu cruellement égocentré. C'est là ici et maintenant que rentre en piste la notion d'ego et d'égocentrisme. Elles vont venir éclairer cette animation à la vie. Car nous en entendons souvent parler mais qu'est-ce que l'ego ? Quelle est sa place dans le désir ? Où se trouve-t-il dans le processus de mort ? Je vais y répondre de ce pas.

## 1.3  **L'ego :**

Force est de constater que ce terme s'est beaucoup répandu ces derniers temps. Afin d'éviter toute confusion, une définition s'impose, afin de délimiter les contours de cette notion cruciale.

*« L'ego est la représentation que j'ai de moi-même en tant que personne. C'est la construction du moi qui me permet de me considérer comme un individu séparé du monde. »*

L'ego permet donc de se considérer comme un individu à part entière. Ce qui en soi est quelque chose de cohérent, dans le sens où ton corps t'appartient, tu es un individu unique et indivisible. L'ego n'est absolument pas mauvais, il est un liant dans le processus d'individuation. L'individuation est un concept emprunté à Karl Gustav Jung, célèbre psychanalyste. Pour Jung l'individuation est un processus dans lequel le sujet s'autonomise en tant que personne indivisible et unique.

Pour ce faire, il doit s'adapter entre son conscient et son inconscient entre le monde extérieur et son monde intérieur. Cette adaptation entre dynamique intérieur et extérieur fait naître selon Jung le « self », en d'autres termes le « moi ». Il explique également que lorsqu'un blocage survient dans ce processus d'individuation, des maladies et autres troubles surviennent. Il précise aussi qu'un individu privilégiera toujours une voie plutôt qu'une autre dans cette individuation. En ce sens où une personne choisira de se consacrer à son équilibre intérieur ou à son équilibre extérieur, les deux étant concomitants. Pour autant il explique aussi que le simple fait de s'adapter à cette double dynamique (intérieur/extérieur, conscient/inconscient) ne constitue pas uniquement la construction du self. L'ego est le liant de dynamique. Ce qui revient à dire que l'ego, comme dit précédemment, fait partie intégrante du processus d'individuation.

Par conséquent l'égo se doit d'exister et de vivre. Une personne en déficit d'égo se manifeste par un individu ayant une estime d'elle-même, empreint à être phagocyté par le désir des autres. Sa conscience d'elle-même n'étant pas suffisamment élaborée, les dynamiques extérieures l'entraînent dans une perpétuelle souffrance et non réalisation du soi.

A contrario, une personne dite égocentrique serait par définition un individu totalement séparé de la connexion avec le monde extérieur. Ayant choisi comme voie selon Jung, la voie intérieure qui, en d'autres termes, assouvira uniquement des désirs autocentrés, progressant dans une forme de catharsis. Alors l'ego se doit d'être positionné à la juste place afin d'être dans un désir créateur pour soi sans pour autant détruire et écraser l'autre. À mon sens un ego juste positionné se voit par la capacité d'un individu à être dans l'émotionnel, dans la tolérance et l'acceptation.

Animer ta vie est un doux équilibre entre désir, ego, monde intérieur et extérieur. Si tu as du mal à saisir véritablement la notion d'ego en soi ce n'est pas très grave, garde juste en tête que l'ego permet simplement te considérer en temps qu'individu unique, que l'ego anime et fait vivre tes désirs. Il n'est pas ton ennemi, il est un outil dans ta construction et ta réalisation individuelle sur le plan physique, psychique et émotionnel. Il te distingue des autres et te permet d'exister.

L'animation à la vie est un savant mélange, une oscillation permanente entre désir et ego, entre ce que tu es au fond de toi et ce que le monde te renvoie. Un équilibre permanent entre ombre et lumière, conscient et inconscient. Une chose est avec ces différentes notions positionnées, nous voici aux portes de la pleine puissance. C'est le dernier point de cet ouvrage, ici et maintenant. Un dernier petit effort, nous touchons au but.

## 2. **La route de la pleine Puissance**

Te voici dans le dernier tronçon, le dernier kilomètre de l'aventure, je tiens à te féliciter d'avoir continué à lire ce que tu as sous tes yeux. Oui, je te félicite vraiment, pour une raison simple, continuer le chemin malgré l'incompréhension qui parfois t'a traversé est magnifique. Magnifique, car elle est le reflet de l'aventure de la vie. Parfois, tu te sens perdu, déboussolé par les évènements. Ce que tu vis, ce que tu as vécu et ce que tu vivras est sûrement douloureux. Personne ne sera en mesure de toucher avec exactitude ce que tu traverses. La seule personne en mesure de savoir c'est toi et toi seul. Alors continuer malgré tout est une preuve de vitalité, de courage, d'espoir, de volonté, nomme-le comme tu le souhaites, mais reconnais cette puissance comme étant là ici et maintenant.

Les réponses à tes questions viendront à toi en temps et en heure, n'en doute jamais. Bien souvent, quand tu obtiendras les réponses, c'est que la question aura changé. La compréhension survient toujours dans l'après-coup, car le mental est sur un rythme différent. L'instant présent est là pour faire vivre et ressentir alors crois en toi, tu es au bon endroit au bon moment.

J'aimerais avec toi partager les dernières indications, notions, compréhension dont je dispose au moment de l'écriture de l'ouvrage. J'admets avec grand plaisir que mes mots ne te parleront peut-être pas, que les notions abordées n'auront aucun sens pour toi, quand bien même ce que je pense aujourd'hui du processus de mort évoluera certainement, d'ailleurs c'est ce que je souhaite. La vie est faite d'évolution, de mort et de renaissance, de construction et de destruction.

Le périple que tu traverses par cette lecture, je l'ai également traversé en parallèle dans l'expérience de ma première rédaction de livre. J'ai fait pas mal de recherches sur bien des sujets. J'ai énormément douté, j'ai voulu renoncer, j'ai énormément cogité sur le sujet, pour autant il me paraissait important d'en dire quelque chose même si ce n'est pas une vérité absolue. Ce livre et ce parcours ont été ma vérité pour cheminer. Dans les recherches menées, beaucoup m'ont conduit à des impasses. Car chaque thématique abordée, chaque angle d'approche m'apporte un regard différent certes, mais il était compliqué de relier l'ensemble des ports d'attache. Parce que oui, ce que je reproche à l'ensemble des livres de développement personnel, spirituel, revue scientifique, reportage, documentaire, c'est d'aborder une thématique d'un point de vue macro ou micro. Rares sont les œuvres qui d'un élément vienne toucher toutes les dimensions en même temps.

J'ai dans cet ouvrage essayé de toucher l'ensemble de ces dimensions, de toucher l'ensemble du système. La dernière découverte qui m'a permis de relier l'ensemble des points au système et ceci : Le nombre d'or.

### 2.1. <u>Le nombre d'or :</u>

Je partage de ce pas ce qu'est le nombre d'or. Le nombre d'or est une formule mystérieuse qui régit notre existence. Un peu comme la mort, quelque chose de mystérieux dont on ne sait pas grand-chose et dont on essaye d'en percer le sens, le fondement. Pour la brève historique Euclide célèbre mathématiciens est le premier à avoir posé des mots sur cette étrange formule. Formule qui régit l'incroyable mystère de notre univers, de notre identité, du sens de la création et de la destruction. La pleine puissance en personne.

Cette notion mathématique était connue par les civilisations Grecques, Égyptiennes, Romaines. Elle a inspiré de nombreux architectes notamment dans la construction des pyramides de Gizeh, le Panthéon, certaines églises. On la retrouve dans la nature comme par exemple dans les coquilles d'escargot, par le développement en spirale, dans le coran, dans l'art, les sciences, la philosophie, la psychologie, la sociologie, etc. Cette formule mathématique met en relation la plus infime cellule jusqu'au cosmos. Elle est partout autour de toi, cette loi t'habite et habite l'univers. Elle est la juste proportion entre chaque chose, chaque être. Observée par les scientifiques au microscope, décrites comme étant le lien entre toutes choses. Symbolisé par « φ » Phi le nombre d'or est une des clefs pour comprendre ton existence.

Pris dans cette équation, la juste proportion du nombre d'or admet que tu es à la fois le sujet de l'étude et l'étude du sujet. Tu es la plus grande chose et la plus petite dans le même temps. Je t'invite fortement à t'y intéresser de plus près, tu y découvriras des réponses fascinantes. Déconcertant n'est-ce pas ? Tu te demandes quel est le lien avec la pleine puissance ? Quel est le lien avec le processus de la mort ?

Comme évoqué dans le reste de l'ouvrage que tu tiens entre les mains, il est parfois difficile de trouver la juste mesure. La juste proportion entre ton cerveau, tes émotions et ton corps. Entre l'ensemble de ce que tu vis, ce que tu aimerais vivre et ce que tu as vécu. Si on regarde attentivement, la vie est tellement surprenante, pleine de mystères, qu'elle cesse de se réinventer à chaque seconde qui passe. Quand on pense toucher au but, de nouveaux aspects se révèlent de manière perpétuelle. Pour sûr, le cosmos est en perpétuelle expansion c'est scientifique, les technologies progressent, avancent, c'est tangible. Tes émotions te font vibrer c'est prouvé, ta pensée imagine c'est un film permanent. Alors le chiffre d'or, la juste proportion des choses nous ramène toujours à cette évolution perpétuelle. La nature n'est que mouvement, notre nature est dans le mouvement, étudiable, tangible par toutes choses. Qu'elle soit matérielle ou immatérielle, les astres tiennent en orbite, tu reçois des messages sur ton téléphone. Tout ça est un flux d'informations, une énergie créée par une synergie de connaissance, de concepts, de recherches d'expérimentations dans cette dynamique présente dans chaque chose.

Là où je veux en venir, la pleine puissance est cette juste proportion par le biais du nombre d'or. Si tu souhaites plus de détails sur ce fameux nombre, il existe de nombreuses sources pour t'éclairer.

## 2.2. Adage de l'équilibre :

La pleine puissance, éclairée par le nombre d'or, admet cette compréhension élargie et en toute chose ton propre processus. La pleine puissance est cet adage de l'équilibre par la juste proportion du nombre d'or.

La mort était la porte d'entrée dans le processus. L'étayage de cette souffrance a été fait par ta compréhension, ton cheminement. Remarque que la remontée du gouffre dans lequel tu étais est clairement différente de ce que tu imaginais au départ ? Quand bien même tu n'aurais peut-être jamais imaginé remonter. Pourtant tu y es arrivé ou tu y parviendras, je te le garantis.

La dynamique de la pleine puissance était déjà là. Elle était déjà en œuvre au fond de toi. Car la pleine puissance est le fondement même de la vie. Cet équilibre se trouve par le déséquilibre. Quand on y réfléchit anatomiquement, pour marcher, il faut faire un pas devant l'autre, ce premier pas fait créer un déséquilibre puis le deuxième en crée un autre, ainsi de suite. Alors la pleine puissance se trouve dans le déséquilibre. Les outils proposés jusqu'alors sont là pour t'armer pour te donner une grille de lecture, de compréhension face à certaines réalités parfois incompréhensibles. Ce sont des petits cailloux semés et non une recette magique. Ceux qui prétendraient le contraire sont bien loin du compte désolé de te l'apprendre.

Désolé de te le dire, mais l'adage de l'équilibre, de ton équilibre, seul toi trouveras la recette qui fonctionne, qui marche. C'est en essayant, en expérimentant encore et toujours que tu parviendras à vivre cette juste proportion.

Alors, construis de la sécurité, puis supprime-la, outille-toi, apprends, intéresse-toi, désapprends, recommence, souffre, garde espoir, désire, extase-toi, fais tout ce qui est dans ton possible ici et maintenant pour maintenir un mouvement dans n'importe quelle dimension qui soit. Maintiens le déséquilibre pour créer le mouvement de l'équilibre. Garde en tête que la vie n'est nullement stérile au contraire c'est un terreau permanent en dépit de tout. Le nombre d'or nous le prouve et nous le montre, la vie a un plan et elle le suivra coûte que coûte.

Maintenant que l'adage de l'équilibre est fait, place au possible.

### 2.3. <u>La place du possible :</u>

Pour cette dernière partie, je tiens à la faire vivre au sein du livre d'une manière inattendue. Si je te propose d'écrire la fin de l'histoire, tu en dis quoi ? Pour moi, te donner la possibilité d'écrire la fin de ce périple est logique. En ce sens où, depuis le départ, tu es acteur de ton propre récit, de ton propre cheminement, par le biais de ce livre où un autre peu importe. Certes j'ai émis une certaine direction qui me semblait logique, qui faisait sens à mes yeux. Pour autant, le tout est que TU écrives ton histoire. Que tu fasses émaner l'ensemble, dans ta propre vie, que tu construises tes propres ponts entre ce que tu es et ce que tu souhaites devenir. Pour que tout devienne possible. Crois simplement au fait que tout ceci n'est qu'un passage, une tirade, une bribe de quelque chose.

TU détiens ta propre solution, ta propre vérité, tes propres possibilités comme tes propres impossibilités, la destruction d'aujourd'hui est l'étape de demain.

Alors à toi de jouer, écris la conclusion de l'histoire, de TON histoire. Regarde, je t'ai laissé de la place.

......................................................................
......................................................................
......................................................................
......................................................................
......................................................................
......................................................................
......................................................................
......................................................................
......................................................................
......................................................................
......................................................................
......................................................................

La dernière chose que je te propose, c'est de faire vivre cette aventure à un autre niveau. Comment ? En me partageant anonymement ton propre récit par le biais de mes réseaux sociaux ou mail.

**ADRIEN_CHRIST_**

**adchrist.auteur@gmail.com**

## A propos de l'auteur :

Je suis Adrien CHRIST, j'ai grandi dans la région toulousaine. Une ville pleine de vie qui m'a toujours fasciné et inspiré, tant par son architecture, ses ruelles, ses briques qui donnent son surnom "la ville rose", que par son côté cosmopolite.

Ce maillage et cette diversité font désormais partie de mon ADN. L'ouverture d'esprit, la curiosité, la découverte du monde et de l'autre en dépit de nos différences, font partie de mes valeurs profondes. Cette volonté d'apprendre et de découvrir me porte depuis mon plus jeune âge, mon parcours scolaire témoigne de cet intérêt divers et varié. Effectivement je suis titulaire d'un Baccalauréat Hôtellerie restauration, d'un DEUG en Science et Technique des Aptitudes Physique et Sportives et d'un diplôme d'état d'Éducateur Spécialisé, reconnue "licence". Ces différentes expériences témoignent de mon enthousiasme à explorer différents univers parfois diamétralement opposés.

Explorer est le verbe qui me définit le mieux, c'est la pièce centrale qui régit ma vie. Toujours à la recherche de nouveaux points de vue, de nouvelles expériences, pour m'enrichir, pour mieux comprendre et appréhender le monde qui nous entoure. Comprendre l'être humain et le monde est une véritable passion qui me porte et me transporte. Cette passion m'a amené à exercer en tant que travailleur social, à partir en voyages humanitaires, à m'investir dans des projets associatifs, à m'intéresser à la psychologie, aux neurosciences, à l'anthropologie, à l'architecture, à la spiritualité.

Je crois profondément en l'humanité et en ses capacités à se réinventer chaque jour. Pour le meilleur et pour le pire parfois. Cependant la vie mérite de vivre cette exploration, cette construction pour nous amener à devenir meilleurs chaque jour.

Dans ce premier livre je t'amènerai au cœur d'une quête intérieure, un passage de ma vie qui m'a véritablement chamboulé. Une expérience de vie unique, qui m'a amené à me questionner. J'ai tâché de retranscrire avec le plus de justesse et d'objectivité un cheminement qui m'a porté et apporté.

J'espère qu'il t'aidera et de guidera vers une nouvelle version de toi même.